WOLFRAM ROST

Die Rechtsgrundlagen der Trinkerfürsorge

KRIMINOLOGISCHE FORSCHUNGEN

Herausgegeben von Professor Dr. Hellmuth Mayer

Band 4

Die Rechtsgrundlagen der Trinkerfürsorge

Von

Dr. iur. Wolfram Rost

DUNCKER & HUMBLOT / BERLIN

Gedruckt 1966 bei Alb. Sayffaerth, Berlin 61
Printed in Germany

Vorwort

Die folgende Arbeit hat im Wintersemester 1964/65 der Rechts- und Staatswissenschaftlichen Fakultät der Christian-Albrechts-Universität Kiel als Dissertation vorgelegen.

Dem Direktor des Kriminologischen Seminars an der Christian-Albrechts-Universität Kiel, Herrn Professor Dr. iur. et rer. pol. Hellmuth Mayer, danke ich für die Überlassung des Themas sowie für die stete Förderung dieser Arbeit. Ebenso danke ich ihm für die Aufnahme der Arbeit in die Reihe „Kriminologische Forschungen“.

Ferner danke ich für seine Anregungen Herrn Professor Dr. iur. Wolfgang Naucke, Kiel.

Flensburg, Oktober 1965

Wolfram Rost

Inhaltsverzeichnis

Abkürzungsverzeichnis

a. A.	=	anderer Ansicht
a. a. O.	=	am angegebenen Ort
Abs.	=	Absatz
Aktz.	=	Aktenzeichen
AN	=	Amtliche Nachrichten des Reichsversicherungsamtes
ArchöffR	=	Archiv für öffentliches Recht (zitiert nach Band und Seite)
Art.	=	Artikel
AVAVG	=	Gesetz über Arbeitsvermittlung und Arbeitslosenversicherung
BAnz	=	Bundesanzeiger
BayUntG	=	Bayerisches Unterbringungsgesetz vom 30. 4. 1952
BayVerfG	=	Bayerischer Verfassungsgerichtshof
BayVGH	=	Bayerischer Verwaltungsgerichtshof
BayVBl	=	Bayerisches Verwaltungsblatt (zitiert nach Jahr und Seite)
BerlinUntG	=	Berliner Unterbringungsgesetz vom 5. 6. 1958
BGB	=	Bürgerliches Gesetzbuch
BGBl I	=	Bundesgesetzblatt Teil I
BGH	=	Bundesgerichtshof, auch Entscheidungen in Zivilsachen
BK	=	Bonner Kommentar
BlWPfl	=	Blätter der Wohlfahrtspflege, Monatsschrift der öffentlichen und freien Wohlfahrtspflege und Jugendhilfe (zitiert nach Jahr und Seite)
BSGH	=	Bundessozialhilfegesetz
BSG	=	Bundessozialgericht
BT-Drucksache	=	Drucksache des Deutschen Bundestages, 3. Wahlperiode, Nr. 1799
BVerfG	=	Bundesverfassungsgericht
BVerwG	=	Bundesverwaltungsgericht
BVerwGE	=	Amtliche Sammlung der Entscheidungen des Bundesverwaltungsgerichts (zitiert nach Band und Seite)

BWD	=	Bayerischer Wohlfahrtsdienst
bzw.	=	beziehungsweise
ders.	=	derselbe
DÖV	=	Die Öffentliche Verwaltung (zitiert nach Jahr und Seite)
DVBl	=	Deutsches Verwaltungsblatt (zitiert nach Jahr und Seite)
DVO	=	Durchführungsverordnung
EuG	=	Sammlung der Entscheidungen und Gutachten der Spruchstelle in Fürsorgestreitsachen (zitiert nach Band und Seite)
FEVG	=	Gesetz über das gerichtliche Verfahren bei Freiheitsentziehungen
FEVS	=	Fürsorgerechtliche Entscheidungen der Verwaltungs- und Sozialgerichte (zitiert nach Band und Seite)
FGG	=	Gesetz über die Freiwillige Gerichtsbarkeit
FürS	=	Der Fürsorger, Mitteilungsblatt des Verbandes schweizerischer Fürsorge für Alkoholgefährdete (zitiert nach Jahr und Seite)
GG	=	Grundgesetz für die Bundesrepublik Deutschland
GVBl	=	Gesetz- und Verordnungsblatt
HessUntG	=	Hessisches Unterbringungsgesetz vom 15. 5. 1952
HRR	=	Höchstrichterliche Rechtsprechung (zitiert nach Jahr und Nummer)
i. d. F.	=	in der Fassung
IM	=	Innere Mission, Monatsblatt des Central-Ausschusses für die Innere Mission der Deutschen evangelischen Kirche (zitiert nach Jahr und Seite)
insb.	=	insbesondere
i. V. m.	=	in Verbindung mit
JR	=	Juristische Rundschau (zitiert nach Jahr und Seite)
JuS	=	Juristische Schulung, Zeitschrift für Studium und Ausbildung (zitiert nach Jahr und Seite)
JWG	=	Jugendwohlfahrtsgesetz i. d. F. vom 11. 8. 1961
JZ	=	Juristenzeitung (zitiert nach Jahr und Seite)
KostO	=	Kostenordnung
MArbR	=	Mitarbeiterrundbrief, herausgegeben von der Evangelischen Arbeitsgemeinschaft zur Abwehr der Suchtgefahren (zitiert nach Nummer, Jahr und Seite)
MDR	=	Monatsschrift für Deutsches Recht (zitiert nach Jahr und Seite)

MonKrimPsych = Monatsschrift für Kriminalpsychologie und Strafrechtsreform (zitiert nach Jahr und Seite)

MschrKrim = Monatsschrift für Kriminologie und Strafrechtsreform (zitiert nach Jahr und Seite)

NA = Der Nervenarzt (zitiert nach Jahr und Seite)

NDV = Nachrichtendienst des Deutschen Vereins für öffentliche und private Fürsorge (zitiert nach Jahr und Seite)

NJW = Neue Juristische Wochenschrift (zitiert nach Jahr und Seite)

NRW = Nordrhein-Westfalen

OVG = Oberverwaltungsgericht

ÖffGesundD = Der Öffentliche Gesundheitsdienst, Monatsschrift für Gesundheitsverwaltung und Sozialhygiene (zitiert nach Jahr und Seite)

PrOVG = Entscheidungen des Preußischen Oberverwaltungsgerichts (zitiert nach Band und Seite)

PVG = Preußisches Polizeiverwaltungsgesetz vom 1. 6. 1931

RG = Reichsgericht

RGBl I = Reichsgesetzblatt Teil I

RGRK = Reichsgerichtsrätekommentar

RGZ = Entscheidungen des Reichsgerichts in Zivilsachen (zitiert nach Band und Seite)

RJWG = Reichsjugendwohlfahrtsgesetz vom 9. 7. 1922

RVA = Reichsversicherungsamt

RVO = Reichsversicherungsordnung

S. = Seite

SchlHA = Schleswig-Holsteinische Anzeigen (zitiert nach Jahr und Seite)

SchlHUntG = Schleswig-Holsteinisches Unterbringungsgesetz vom 26. 8. 1958

SenatB = Bericht des Senats von Berlin über die Bekämpfung der Suchtkrankheiten unter besonderer Berücksichtigung des Alkoholmißbrauchs für das Abgeordnetenhaus vom 7. 6. 1955

SeuffA = Seufferts Archiv für Entscheidungen oberster Gerichte (zitiert nach Band und Nummer)

SG = Sozialgericht

SozArb = Soziale Arbeit, herausgegeben vom Senator für Arbeit und Sozialwesen (Berlin), der Arbeitsgemeinschaft für öffentliche und freie Wohlfahrtspflege und dem Archiv für Wohlfahrtspflege Berlin (zitiert nach Jahr und Seite)

StGB = Strafgesetzbuch

studium generale	=	studium generale, Zeitschrift für die Einheit der Wissenschaften im Zusammenhang ihrer Begriffsbildungen und Forschungsmethoden (zitiert nach Jahr und Seite)
SuchtG	=	Suchtgefahren, Beiträge aus Fürsorge und Forschung, Vierteljahreszeitschrift für das gesamte Gebiet der Suchtgefahren (zitiert nach Jahr, Heft und Seite)
u. E.	=	unseres Erachtens
Verf.	=	Verfasser
VerwRechtspr	=	Verwaltungsrechtsprechung in Deutschland (zitiert nach Band und Seite)
VGH	=	Verwaltungsgerichtshof
vgl.	=	vergleiche
Vorbem.	=	Vorbemerkung
VwGO	=	Verwaltungsgerichtsordnung
WRV	=	Weimarer Reichsverfassung
z. B.	=	zum Beispiel
ZfF	=	Zeitschrift für das Fürsorgewesen (zitiert nach Jahr und Seite)
zit.	=	zitiert
ZPO	=	Zivilprozeßordnung
z. T.	=	zum Teil

Einleitung

In wachsendem Maße haben sich die Folgen, die sich aus dem Genuß alkoholhaltiger Getränke für den einzelnen sowie für die Gesellschaft ergeben können und die allgemein als Trunksucht beschrieben werden, zu einem sozialen Problem ersten Ranges entwickelt. Es ist anerkannt, daß die körperlichen und psychologischen Veränderungen nach dem Genuß alkoholhaltiger Getränke zu erheblichen körperlichen, seelischen und sozialen Störungen sowie zu Verhaltensweisen führen können, die direkt in Straftaten enden oder solche zumindest fördern[1]. Entsprechend der Vielschichtigkeit des Problems der Trunksucht sind die Wege der Trunksuchtbekämpfung äußerst mannigfaltig. Besonders bedeutungsvoll ist hierbei der Beitrag, den die Trinkerfürsorge zu leisten vermag. Da ihre Behandlungsmöglichkeiten gegenüber dem Straf- und Maßnahmenrecht, das immer erst dann in Betracht kommen kann, wenn der Trinker bereits mit dem Gesetz in Konflikt geraten ist, von weitaus größerer praktischer Bedeutung sind, findet die Arbeit auf diesem Sektor immer größere Beachtung. Leider trifft das weitgehend nur für die nichtjuristischen Disziplinen wie etwa die der Medizin, Psychologie und der Soziologie zu. Eingehende juristische Arbeiten, die sich den Rechtsproblemen der Trinkerfürsorge widmen, fehlen dagegen fast völlig. Zwar sind auch bisher schon Rechtsfragen der Trinkerfürsorge bereits Gegenstand rechtswissenschaftlicher Erörterungen gewesen, diese befaßten sich jedoch nur mit der Klärung von Einzelfragen. Das liegt einerseits daran, daß das Fürsorgerecht zu einem schwierigen Spezialgebiet des öffentlichen Rechts überhaupt geworden ist[2], andererseits aber offensichtlich auch daran, daß man vielerorts noch nicht in aller Klarheit erkannt hat, daß auch und gerade im Bereich der Trinkerfürsorge eine Vielzahl von Entscheidungen über eine Reihe von Rechtsfragen herbeizuführen sind, die in ihrer Tragweite von weitreichender Bedeutung sein können und die teilweise in ihren Wirkungen zu schwerwiegenden Eingriffen in fundamentale Rechte der Betroffenen führen. Mit der vorliegenden Arbeit soll versucht werden, die bestehenden Lücken auf dem Gebiet der Trinkerfürsorge zu einem geringen Teil schließen zu helfen. Es soll

[1] Vgl. Sieverts in SuchtG 1961, 1, 1.

[2] Vgl. Jehle in DVBl 1954, 181.

Aufgabe der folgenden Abhandlung sein, rechtliche Schwierigkeiten und auftauchende Rechtsprobleme im Bereich der Trinkerfürsorge aufzuzeigen und zu erörtern. Da juristische Fragen in wissenschaftlich-kritischer Betrachtungsweise selten ohne Kenntnis des tatsächlichen Hintergrundes zutreffend erörtert werden können, erscheint es zum besseren Verständnis der zu erörternden Rechtsfragen zweckmäßig, daß wir uns in einem einführenden, soziologischen Teil zunächst damit befassen, welche Fragen und Probleme das soziale Phänomen „Trunksucht" im allgemeinen im Sozialleben hervorruft.

Erster Teil

Die Trunksucht und ihre Behandlung

Erster Abschnitt

Die Trunksucht und ihre sozialen Folgen

Wer die große Anzahl der praktischen und rechtlichen Probleme der Trunksucht einschließlich der sich daraus ergebenden wirtschaftlichen, sozialen und nicht zuletzt gesundheitlichen Folgen auch nur annähernd verstehen will, muß sich zuvor Klarheit darüber verschaffen, was denn das Wesen der Trunksucht ausmacht, in welchen Formen sie aufzutreten pflegt und welche Umstände für ihr Entstehen allgemein als ursächlich angesehen werden. Unser einführender soziologischer Teil hat daher zunächst mit einer kurzen einleitenden Besinnung auf Wesen, Formen und Ursachen der Trunksucht zu beginnen.

A. Wesen, Formen und Ursachen der Trunksucht

I. Wesen der Trunksucht

Das Wesen der Trunksucht läßt sich am ehesten erfassen, wenn man vom Wesen des allgemeinen Rauschgefühls ausgeht und die verschiedenen Stufen menschlicher Bindung an Rauschmittel betrachtet. Es ist bekannt, daß der Mensch zu allen Zeiten das Bestreben gehabt hat, sich aus dem Alltag in den Zustand eines erhöhten Lebensgefühls zu versetzen, um dabei seine Sorgen und Nöte zu vergessen. Zur Erreichung dieses Ziels dienen ihm nicht nur Feste, sondern viel schneller und bequemer erreicht er auch durch den Genuß alkoholhaltiger Getränke jenen Seelenzustand, den man gewöhnlich als Rausch bezeichnet[1]. Für ihn ist kennzeichnend, daß das Seelenleben eine gewisse Störung zuungunsten der Verstandestätigkeit und zugunsten der Gefühls- und Phantasietätigkeit erleidet. Im einzelnen wird die Auffassungsgabe erschwert, es tritt eine Verlangsamung der Verknüpfung der Vorstellungen ein, die Willensantriebe werden erleichtert, die Stei-

---

[1] Vgl. Wurzbacher S. 30.

gerung der motorischen Erregbarkeit hat ein erhöhtes Kraftgefühl zur Folge, auf dem Gebiet des Gemüts verdrängt eine heitere, behagliche Stimmung alles Störende und Quälende. Geht man davon aus, daß grundsätzlich zwei Rauschzustände unterschieden werden[2], nämlich der der Fülle der Seele, nach dessen Abklingen sich der Mensch innerlich reicher und beglückter als vorher fühlt, und der der inneren Leere, zu dem der Mensch in der Misere menschlicher Konfliktsituationen zu fliehen pflegt und nach dessen Ende man sich seelisch unausgeglichener und innerlich verlorener fühlt, so ist der Alkoholrausch als ein Rausch der inneren Leere anzusehen, da seine Folgeerscheinungen durch Erschöpfungsreaktionen gekennzeichnet sind. Sucht man den Rauschzustand durch Rauschmittelgenuß so oft zu erlangen, daß der Körper durch die regelmäßige Zufuhr an Rauschmitteln allmählich die Fähigkeit erlangt, immer größere Mengen des Rauschmittels anscheinend ohne Reaktion zu vertragen, ist das Stadium der Gewöhnung erreicht[3]. Der Körper befindet sich dann gleichsam in einem Lebensrhythmus, der immer wieder zum gleichen Rauschmittel drängt, ohne daß zunächst krankhafte psychische und physische Veränderungen festzustellen sind. Steigert sich der Rauschmittelgenuß dann jedoch derart, daß die Fähigkeit verloren geht, auf den Genuß des Rauschmittels überhaupt zu verzichten, ist die Bindung an das Rauschmittel in das Stadium der Sucht getreten[4].

Da sich diese Stufen der Bindung auch beim Trinker im Verhältnis zum Alkoholgenuß finden, gilt[5] diejenige Person als trunksüchtig, die die Fähigkeit verloren hat, auf Grund eigenen Willensentschlusses auf den dauernden, übermäßigen Genuß alkoholhaltiger Getränke zu verzichten. Legt man diesen Trunksuchtsbegriff zu Grunde, fallen der akute und pathologische Rausch[6] sowie das symptomatische Trinken nicht unter die Trunksucht[7]. Während es sich beim akuten Rausch um einen gewöhnlichen leichten Rausch und beim pathologischen Rausch um eine außergewöhnliche pathologische Reaktion handelt, werden diejenigen Trinker lediglich als symptomatische Trinker bezeichnet, die nur in gelegentlichen Exzessen ihre sozialen und seelischen Nöte vergessen wollen[8]. Ihre Trinkart ist Symptom seelischer oder sozialer

---

2 Vgl. Corrinth S. 7; Bürger-Prinz S. 15; Klatt S. 6—19.

3 Vgl. Langelüddeke S. 292.

4 Vgl. Bochnik S. 17; Corrinth S. 7 ff.; Horst S. 87 ff.; Langelüddeke S. 292; Villinger in ÖffGesundD 1950, 364; Zutt in studium generale 1948, 253.

5 Vgl. Benjamin-Fränkel I S. 24; Bleuler S. 244; Ostmann S. 351.

6 Vgl. zu beiden Bleuler S. 242; Mezger I S. 32 ff.; Sauer S. 144; zum pathologischen Rausch Hirschmann S. 55 ff.

7 Vgl. zu den verschiedenen Rauschzuständen insbes. Wyss S. 268 ff.

8 Vgl. Habernoll S. 5, 41, 49 ff.

Krankheitserscheinungen[9]. Diese Personen haben noch nicht die Kontrolle über sich verloren, sie stehen jedoch ständig in Gefahr, bei häufigen, schwierigen Situationen trunksüchtig zu werden. Bei diesen Personen wirkt der Alkoholgenuß individuell entlastend, weil er den Ausweg in eine konfliktärmere oder konfliktlose Scheinwelt ermöglicht. Der Alkoholgenuß kann insofern sowohl für die Gesellschaft wie für den einzelnen Ventilfunktionen ausüben, durch die schlimmere aggressive Handlungen nach außen wie gegen sich selbst verhindert werden. Es besteht jedoch kein Zweifel, daß es sich nur um zeitweilige Entlastungen mit starkem Verschleierungscharakter handelt, die nicht nur eine wirkliche Erkenntnis und Bewältigung der zu Grunde liegenden Schwierigkeiten beeinträchtigen, sondern zunächst auch verhindern[10].

II. Formen der Trunksucht

Nach dem Grad des Stadiums, in dem sich der Trinker befindet, unterscheidet man im allgemeinen zwei Formen der Trunksucht: die einfache und die chronische Trunksucht, die häufig auch als chronischer Alkoholismus bezeichnet wird. Während es sich in den Fällen der einfachen Trunksucht, wie bereits oben erwähnt, um solche Personen handelt, die trotz besserer Einsicht den Alkoholgenuß im Übermaß weder aufgeben noch ihn auf ein unschädliches Maß zurückführen können, gelten diejenigen exzessiven Trinker als chronische Trinker, deren Abhängigkeit vom Alkoholgenuß einen solchen Grad erreicht hat, daß bei ihnen deutlich feststellbar als Folge der mit dem Süchtigwerden einsetzenden alkoholischen Wesensveränderungen geistige und seelische Störungen sowie Konflikte in ihrer körperlichen oder geistigen Gesundheit, ihren mitmenschlichen Beziehungen, ihren sozialen und wirtschaftlichen Funktionen auftreten[11]. Da die Übergänge naturgemäß fließend sind, kann es sich bei diesen Einteilungen nur um grobe schematische Einteilungen handeln. Weitere Unterteilungen, insbesondere bei der chronischen Trunksucht, sind denkbar und werden häufig vorgenommen. Es sei in diesem Zusammenhang nur an den hinsichtlich der Vereinheitlichung der Arbeitsbegriffe in der Fürsorge wichtigen Vorschlag der Weltgesundheitsorganisation erinnert, der zum Zwecke der besseren Erfassung und zur Erzielung eines besseren Heilungseffektes die Einteilung der Trinker in folgende vier Gruppen zum Gegenstand hat: Frühe Fälle, fortgeschrittene Trunksucht mit be-

---

[9] Diese Art Trinker sowie ihre Trinkmotive finden bereits im Alten Testament Erwähnung; vgl. Sprüche 31, 6—7.

[10] Vgl. Wurzbacher S. 34.

[11] Vgl. Bleuler S. 445; Habernoll S. 40; Jarosch-Müller S. 351; Schröder S. 420; Wyss S. 276 f.

ginnenden Verfallserscheinungen, chronische Trunksucht mit fortgeschrittenen Verfallserscheinungen und unheilbare Fälle, bei denen bereits jede soziale Bindung zerstört ist[12].

III. Ursachen der Trunksucht

Hinsichtlich der Ursachen der Trunksucht ist in der medizinischen Forschung seit längerer Zeit anerkannt, daß die Entwicklung der Trunksucht stark von kulturellen und gesellschaftlichen Umständen abhängig ist. Der Beginn der Trunksucht ist in weitestem Sinne sozialbedingt[13]. Eine erhebliche Rolle spielen dabei die bestehenden Trinksitten. Nach der Bekanntschaft und den ersten Erfahrungen mit alkoholhaltigen Getränken entwickeln sich individuelle Einstellungen, die den Verlauf der persönlichen Trinkgewohnheiten bestimmen: Gelegentliches oder dauernd übermäßiges, sporadisches oder übermäßiges, exzessives Trinken[14]. Während die große Mehrheit der Verbraucher alkoholhaltiger Getränke jedoch innerhalb der Grenzen der kulturell anerkannten Sitten bleibt, werden einzelne auf Grund dieser Trinksitten trunksüchtig.

Man[15] war lange Zeit geneigt, die Ursache dieser Erscheinung in Persönlichkeitsanomalien, insbesondere in psychopathischen Veranlagungen der betreffenden Trinker zu sehen. Diese Meinung ist heute weitgehend aufgegeben. Es gibt allerdings auch heute noch eine Meinungsgruppe im medizinischen Schrifttum[16], die der Auffassung ist, andere charaktereologische Mängel wie Willensschwäche seien für die Trunksucht allein ursächlich. Diese Meinung hat jedoch erhebliche Zweifel geweckt, und man hat in neuerer Zeit auf Grund von Forschungsergebnissen, insbesondere auf Grund der Erkenntnisse neuerer anthropologischer Forschungen, darauf hingewiesen, daß eine Abkehr von der Vorstellung abartiger Charaktere zwingend erforderlich sei[17]. Es sei zwar einerseits richtig, daß die natürliche Resistenz dort am schwächsten sei, wo eine primäre Schwäche im Sinne etwa einer Psychopathie oder Willensschwäche vorläge, man habe aber andererseits Grund zur Annahme, daß sich unter den Trinkern weitaus mehr normale als abnorme Persönlichkeiten befänden[18]. Man könne nicht übersehen, daß

---

[12] Vgl. dazu ausführlich Habernoll S. 52 ff.

[13] Über die sozialen und kulturellen Faktoren des Alkoholmißbrauchs vgl. insbesondere Wurzbacher S. 28 ff.

[14] Vgl. Wyss S. 276 f.

[15] Vgl. z. B. Wulffen, Kriminalpsychologie, 1926, S. 56.

[16] Vgl. Bleuler S. 253; Bochnik in SuchtG 1955, 3, 17; Gabriel in SuchtG 1961, 4, 1 ff.; Rudolph S. 2.

[17] So insbes. Beese S. 276.

[18] Vgl. Solms S. 307; Wyss S. 278.

die Zahl der Süchtigen mit der Möglichkeit, alkoholhaltige Getränke zu verbrauchen, steige und falle. Da die Zahl der endogenen psychischen Schwachen in der Bevölkerung als ziemlich konstant gelten müsse, könne man die steigende Zahl der Suchtkranken nur auf nichtendogene Ursachen zurückführen[19]. Es kämen vielmehr als Ursache für die Trunksucht eine Reihe von exogenen Faktoren in Betracht, unter denen die allgemeinen Umweltverhältnisse, insbesondere aber die Erlebnisreihe des einzelnen, von großer Bedeutung seien[20]. Kritische Lebens- und seelische Konfliktsituationen wie unglückliche Ehe, Verlust des Ehegatten, unbefriedigende Arbeit, Arbeitslosigkeit, Vereinsamung im Alter könnten das Bedürfnis wecken, die seelisch schwer zu verarbeitenden Ereignisse zu unterdrücken und im Alkoholrausch vorübergehende Betäubung und Erleichterung zu finden. Gehe dann dieses symptomatische Trinken so weit, daß die Trinker mit dem Trinken nicht mehr aufhören können, käme es zur Trunksucht. Die Entstehung der Trunksucht sei jedoch so komplex, daß außer den Umweltfaktoren natürlich auch andere Umstände ursächlich sein könnten[21].

So gesehen stellt sich die Trunksucht hinsichtlich ihrer Ursachen als vorwiegend sozialbedingt dar. Das hat zur Folge, daß der Einfluß der Trunksucht auf die soziale Struktur der Gesellschaft sowie die des einzelnen Trinkers[22] einen so großen Einfluß haben kann, daß bei der Betreuung der Trinker die sozialen Störungen stark in den Vordergrund treten und vielfach als erste Auffälligkeit erscheinen[23]. Für eine zweckmäßige Bekämpfung der Trunksucht bedürfte es einer sorgfältigen Erfassung und Sammlung all dieser Erfahrungen über die sozialen Störungen sowie aller sonstigen soziologischen Daten, soweit sie mit der Trunksucht im Zusammenhang stehen. Da für diese Aufgaben die Trinkerfürsorge selbst in Frage kommt, wollen wir uns ihren Erfahrungen im Umgang mit Trinkern zuwenden und fragen, welche allgemeinen sozialen Erfahrungen sie bisher über Trinker machen konnte. Ein Einblick in diese Erfahrungen scheint uns am besten geeignet zu zeigen, welche Folgen die Trunksucht im sozialen Bereich zeitigt, insbesondere von welchen sozialen Gegebenheiten man ausgehen muß.

---

[19] Vgl. Gerfeldt S. 195; Rotter in SuchtG 1960, 4, 8 ff.; Schröder S. 423.

[20] Vgl. Graf I S. 6; Klatt S. 5; Müller in BlWPfl 1958, 46 ff.; Schröder S. 421 f.; Solms S. 299; Stemplinger in SuchtG 1957, 1, 17; Wurzbacher S. 34; Wyss S. 276.

[21] Vgl. Wyss S. 276.

[22] Vgl. zur Soziologie des Alkoholismus insbes. Wurzbacher, a. a. O., sowie Sakari Sakiola: Social Implications of Alcoholism, in Psychiatrie der Gegenwart, Forschung und Praxis, Bd. II Klinische Psychiatrie, 1960, S. 251 ff.

[23] Vgl. Schröder S. 421.

B. Erfahrungen der Trinkerfürsorge im Umgang mit Trinkern

I. Entwicklung des Krankenbestandes

Eine der auffälligsten Erscheinungen nach dem zweiten Weltkrieg ist das überall zu beobachtende Ansteigen der Trunksucht. Die staatlichen und die privaten Trinkerfürsorgestellen, die Heilstätten sowie die psychiatrischen Anstalten berichten über eine stetige Zunahme der zu betreuenden Trinker. Es handelt sich hierbei jedoch jeweils nur um die Berichte einzelner Stellen. Obwohl gerade auf dem Gebiet der Trinkerfürsorge die Notwendigkeit besteht, daß überall und gleichzeitig eine verwertbare Gesamtstatistik durchgeführt wird, sind auf keinem anderen Gebiet der Gesundheitsfürsorge wie auf dem der Trinkerfürsorge die Ermittlungen im Sinne einer Erfassungsstatistik so lückenhaft und unterschiedlich[1]. Mangels einer brauchbaren Gesamtstatistik wird der Gesamtbestand der betreuungsbedürftigen Trinker nur geschätzt. Da die Bewertungsmaßstäbe jedoch sehr unbestimmt sind, weichen diese Schätzungen so sehr voneinander ab[2], daß sie nicht verwertet werden

Betreute Trinker der staatlichen Trinkerfürsorge der Stadt Kiel[a)]

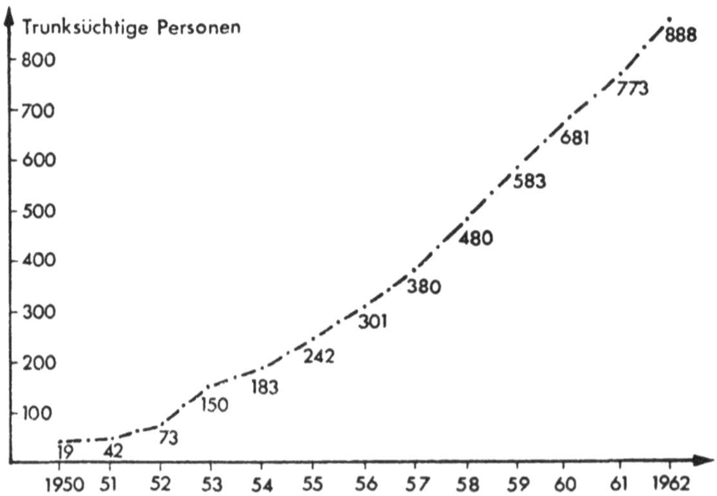

a) Die Zahlen sind dem Verf. vom Gesundheitsamt der Stadt Kiel mitgeteilt worden.

---

[1] Vgl. Schröder S. 425.

[2] Baumeister II S. 4; Goetz, H. J., Zur Soziologie des Alkoholismus, unveröffentlichte Dissertation, Graz 1961, S. 67, zit. nach Wurzbacher, a. a. O., S. 24, und von der Heydt S. 68 schätzen die Zahl der betreuungsbedürftigen Trinker im Bundesgebiet einschl. Westberlins auf 300 000; Soeder in SuchtG 1959, 1, 11 auf 400 000; Schröder S. 425 dagegen nur auf 250 000.

können. Zudem sind die Zahlen so groß, daß sie mit den bekannten Aufnahme- und Betreuungszahlen einzelner Stellen und Bereiche nicht ganz zu vereinbaren sind. Wir wollen uns daher auf die Wiedergabe dreier Berichte über betreute bzw. behandelte Trinker beschränken, deren Zahlen uns gesichert erscheinen.

Tabelle 1

Untersuchte Personen in den Fürsorgestellen für Nerven- und Gemütskranke in Berlin-West[a]

Zeit	Insgesamt		Davon wegen Trunksucht		Alkoholkranke in % der insgesamt untersuchten Personen	
	männl.	weibl.	männl.	weibl.	männl.	weibl.
1948	1686	1645	91	72	5,4	4,4
1949	2257	2468	154	81	6,8	3,3
1950	4162	4072	355	91	8,6	2,4
1951	4676	5256	597	78	12,6	1,5
1952	4460	4670	533	115	12,0	2,5
1953	5132	5629	650	138	12,8	2,5
1954	5708	5868	911	230	16,0	3,9

a) Vgl. SenatB S. 2.

Man beachte bei dieser Tabelle, daß die Zunahme der männlichen Trinker um das Zehnfache ansteigt, während die Zunahme der insgesamt betreuten Männer nur um das Drei- bis Vierfache angestiegen ist.

Tabelle 2

Aufnahmeziffern der wegen Behandlung primärer Trunksucht in Westberliner Heilstätten und Kliniken aufgenommenen Personen

Zeit	1947 [a]	1948	1949	1950	1951	1952	1953	1954	1961 [b]
Krankenbestand	73	69	124	172	245	342	450	524	690

a) Vgl. SenatB S. 3; die Zahlen beziehen sich auf die Jahre 1947—1954.

b) Vgl. SozArb. 1963, 14.

II. Soziale Lage und soziales Verhalten der Trinker

Neben der Kenntnis vom starken Anstieg der Trunksucht ist für eine richtige Beurteilung der sozialen Wirkungen der Trunksucht ferner erforderlich zu wissen, ob und in welchem Maße sich die Trunksucht auf die Geschlechter, die Altersgruppen, die Berufe, die familiären Verhältnisse und nicht zuletzt auf die Kriminalität auswirkt. Da eine lückenlose Erfassung gerade dieser Daten und Erfahrungen geeignet wäre, uns Aufschluß über die soziale Lage und das soziale Verhalten von Trinkern zu geben, wollen wir fragen, welche allgemeinen Erfahrungen die Trinkerfürsorge in dieser Richtung bisher sammeln konnte.

1. Allgemeine Erfahrungen

a) Geschlecht

Wie aus den zahlreichen Veröffentlichungen[3], die sich zur Frage des Anteils der Männer und Frauen an der Trunksucht äußern, hervorgeht, muß heute davon ausgegangen werden, daß im Durchschnitt von 100 Trinkern 90 Männer und 10 Frauen sind. Der Anteil der trunksüchtigen Frau ist damit im Vergleich zu dem der Männer heute wesentlich größer als vor dem zweiten Weltkrieg. Das Verhältnis der Geschlechter zueinander betrug am 6. 6. 1961 im Bundesgebiet ohne Westberlin dagegen 1000 Männer : 1118 Frauen[4]. Diese Entwicklung zeigt sich nahezu in allen Trinkerfürsorgebereichen. So betrug beispielsweise bei der staatlichen Trinkerfürsorgestelle München am 31. 12. 1960 der Anteil der Frauen 201, derjenige der Männer 2090. In der Kieler staatlichen Trinkerfürsorgestelle betrug 1962 das Verhältnis der Trinker zu den Trinkerinnen 799 : 89[5].

b) Alter

Hinsichtlich der Frage, welche Altersgruppen unter den Trinkern am stärksten vertreten sind, haben die bisher bekannt gewordenen Berichte[6] nahezu übereinstimmend die bisher allgemeine Beobachtung

---

[3] Vgl. Beyer S. 20; von der Heydt S. 68; Panse in SuchtG 1958, 3, 16; Riegraf S. 20; Rudolph S. 26; Stemplinger in SuchtG 1957, 1, 25; MArbR 15, 1958, 5; SozArb 1963, 37; Wurzbacher S. 33.

[4] Vgl. Statistisches Jahrbuch für die Bundesrepublik Deutschland 1963, herausgegeben vom Statistischen Bundesamt in Wiesbaden, S. 4.

[5] Die Zahlen sind dem Verf. jeweils von den Gesundheitsämtern der Städte Kiel und München mitgeteilt worden.

[6] Vgl. Bochnik-Burchard-Dieck S. 457; Riegraf S. 20; Thiken I S. 25; ders. II S. 22; Jahresstatistik für 1956 im Bericht der Kath. Suchtkrankenfürsorge, Freiburg 1957, S. 1, 2, 4, 39; Wendt in MArbR 20, 1960, 25.

bestätigt, daß gewisse Altersgruppen besonders gefährdet sind. Der größte Teil der Trinker, ein Drittel, befindet sich im Alter zwischen 40 und 50 Jahren, jeweils ein Viertel aller Trinker steht im 4. bzw. im 6. Lebensjahrzehnt. Da der Anteil in den Altersklassen der allgemeinen Bevölkerung im Bundesgebiet ohne Westberlin am 6. 6. 1961 bei den 30—40jährigen 13,8 %, bei den 40—50jährigen nur 11,7 % und bei den 50—60jährigen 13,9 % betrug[7], wird deutlich, daß die Trunksucht keineswegs anteilig entsprechend der allgemeinen Altersstruktur in der Bevölkerung verbreitet ist, sondern vielmehr in spezifischer Weise bestimmte Altersgruppen erfaßt.

c) Berufe

Zur Frage, welchen Berufsgruppen die Trinker angehören, sind bisher leider nur wenig brauchbare Berichte veröffentlicht worden. Die mangelnde Verwertbarkeit ist insbesondere dadurch begründet, daß uneinheitliche Bewertungskriterien verwendet worden sind. Da sich bei der Vielzahl der Berufe und Berufsbezeichnungen Überschneidungen und damit Ungenauigkeiten nicht vermeiden lassen, wäre u. E. zweckmäßig, wenn man sich der Terminologie des wirtschaftswissenschaftlichen Schrifttums anschlösse und die Trinker hinsichtlich ihrer Stellung im Beruf unterschiede nach Selbständigen, Beamten, Angestellten und Arbeitern[8]. Trotz des Fehlens einer umfassenden Gesamtstatistik lassen sich jedoch aus den wenigen, brauchbaren Veröffentlichungen einige allgemeine Folgerungen ziehen. So wird aus den fünf hier herangezogenen Berichten[9] deutlich, daß die übliche Vorstellung, daß die Trunksucht in bestimmten Berufen wie etwa bei Arbeitern und Handwerkern in einer im Vergleich zur allgemeinen Berufsgliederung übergroßen Weise vorkomme, nicht der Wirklichkeit entspricht. Vielmehr ist der Anteil der Arbeiter unter den Trinkern ungefähr ebenso groß wie der Anteil der Arbeiter in der allgemeinen Berufsgliederung. Während der Anteil der Arbeiter in der allgemeinen Berufsgliederung

---

[7] Vgl. Statistisches Jahrbuch für die Bundesrepublik Deutschland 1963, a. a. O., S. 4.

[8] Vgl. Statistisches Jahrbuch für die Bundesrepublik Deutschland 1963, a. a. O., S. 11 und Wirtschafts- und Sozialstatistisches Handbuch, herausgegeben von Bruno Gleitze, 1960, S. 35.

[9] Vgl. Bericht der Kath. Trinkerfürsorge für das gesamte Bundesgebiet für das Jahr 1956 und der Heilstätte Kamillushaus für das Jahr 1956, beide abgedruckt in der Statistik für 1956 im Bericht der Kath. Suchtkrankenfürsorge, Freiburg, 1957, S. 1 und 2; die Berichte der ev. Trinkerfürsorgestellen in Ludwigshafen für das Jahr 1959 und in Hamburg-Winterhude für das Jahr 1959, beide abgedruckt in MArbR 20, 1960, 21, 25 sowie Bericht der staatlichen Trinkerfürsorgestelle der Stadt München für das Jahr 1947 bis 1962, den der Verf. auf Anfrage erhielt.

im Jahre 1950 insgesamt bei 50,9 % und bei den Männern bei 56,9 % lag[10], betrug der Anteil der Trinker, die im Erwerbsleben als Arbeiter tätig waren, jeweils in den fünf Berichten: 52,6 %; 63,3 %; 82,2 %; 65,7 %; 60 %. Das bedeutet, daß der „hohe“ Anteil der Arbeiter etwa „normal“ ist. Der Anteil der Angestellten, der im allgemeinen Erwerbsleben im Jahre 1950 insgesamt 16,0 % und bei Männern 14,2 % betrug[10], war in den Berichten auffallend gleicherweise ungefähr um ein Drittel niedriger. Der Anteil betrug dort jeweils nur 9,5 %; 8,5 %; 9,0 %; 9,1 %; für München fehlen die entsprechenden Angaben. Der Anteil der Beamten tritt in geringem Maße in Erscheinung. Das liegt einerseits daran, daß diese Gruppe nur geringfügig in der allgemeinen Berufsgliederung mit 4 % insgesamt und 5,2 % bei Männern[11] vertreten ist, andererseits vor allem aber daran, daß die Trinker der sogenannten gehobenen Schichten vorwiegend unerfaßt bleiben[12]. Über den Anteil der Selbständigen fehlen entsprechende Angaben.

d) Berufsmobilität

In den Rahmen der Erörterung der sozialen Wirkungen der Trunksucht gehört auch die Frage der Berufsmobilität[13], die Frage also, in welchem Maße Trinker einen im Vergleich zu ihrem Vater sozial niedrigeren Beruf ausübten und ob dafür die Trunksucht verantwortlich zu machen ist. Dresel[14] hat sich ausführlich mit dieser Frage beschäftigt. Bei den 151 von ihm untersuchten Trinkern übten nur 32 einen gelernten Beruf aus, während 109 als ungelernte Arbeitskräfte tätig waren. Von den Vätern der Trinker dagegen hatten noch 74 einen gelernten Beruf ausgeübt. Dresel[15] weist zur Erklärung darauf hin, daß der weitaus größte Teil der Trinker den erlernten Beruf bereits zwischen dem 15. und 25. Lebensjahr aufgegeben hatte. Das Absinken in eine sozial tiefere Schicht sei nicht eine Folge der Trunksucht, sondern auf negative charakterologische Eigenschaften zurückzuführen. Dem ist allerdings die Erfahrung der täglichen Fürsorgearbeit entgegenzuhalten, die zeigt, daß chronische Trinker im Verlauf der Trunksucht ihre eigentliche Berufstätigkeit aufgeben bzw. aufgeben müssen. Ferner ist durchaus denkbar, daß bei den Trinkern, von denen Dresel spricht, die Trunksucht die Folge des Erlebnisses der allgemeinen Deklassierung gewesen ist.

---

10 Vgl. die Statistik bei Gleitze a. a. O., S. 35.

11 Vgl. die Statistik bei Gleitze a. a. O., S. 35.

12 Vgl. dazu Benjamin-Fränkel I, S. 5.

13 Vgl. zum Begriff der „Mobilität“ Bolte, in König: Soziologie, 1958, Seite 206.

14 Vgl. Dresel S. 7 ff.

15 Vgl. Dresel S. 14.

e) Familiäre Verhältnisse

Da die Trunksucht häufig zur Belastung des Verhältnisses zum Ehegatten sowie zu den Kindern führt und im Gefolge der Trunksucht die Sicherung der wichtigsten Grundbedürfnisse wie Nahrung und Kleidung sowie Wohnung zu leiden pflegt, ist für die Trinkerfürsorge ferner ungemein wichtig, daß sie Erfahrungen über die familiären Verhältnisse der Trinker sammelt, um daraus für die Arbeit Vorteile zu schöpfen. Leider mangelt es jedoch auch hier an verwertbaren Berichten. Die wenigen Veröffentlichungen[16] zu dieser Frage können nur als Anhaltspunkte dienen. Mit einiger Sicherheit läßt sich aus ihnen lediglich der Anteil der Ledigen unter Trinkern feststellen. Er beträgt im Durchschnitt 15 bis 20 %. Das bedeutet, daß der Anteil der Verheirateten und verheiratet Gewesenen sehr hoch ist. Da in der allgemeinen Bevölkerungsstruktur 1961 der Anteil der Ledigen bei Männern 44,4 % und bei Frauen 38,4 % und derjenige der Verheirateten und verheiratet Gewesenen bei Männern 55,5 % und bei Frauen 61,6 % betrug[17], wird deutlich, daß die Trunksucht in weitaus größerem Maße bei Verheirateten und bei verheiratet Gewesenen vorkommt, als diese Gruppe in der allgemeinen Bevölkerungsgruppierung groß ist. Diese Tatsache ist besonders im Hinblick auf unmündige unterhaltspflichtige Kinder von großer Bedeutung. So haben die evangelischen Trinkerfürsorgestellen Hamburg-Winterhude[18] 1959 von 871 trunksüchtigen Elternteilen 1463 Kinder, die evangelische Trinkerfürsorgestelle Ludwigs-

Tabelle 3

Anzahl der betreuten Kinder unter 18 Jahren in der evangelischen Trinkerfürsorgestelle Ludwigshafen[a]

23 Eltern	=	10,6 %	hatten 1 Kind	=	23 Kinder
56 Eltern	=	26,0 %	hatten 2 Kinder	=	112 Kinder
29 Eltern	=	13,4 %	hatten 3 Kinder	=	87 Kinder
17 Eltern	=	7,9 %	hatten 4 Kinder	=	68 Kinder
4 Eltern	=	1,8 %	hatten 5 Kinder	=	20 Kinder
2 Eltern	=	0,9 %	hatten 6 Kinder	=	12 Kinder
1 Eltern	=	0,4 %	hatten 7 Kinder	=	7 Kinder
1 Eltern	=	0,4 %	hatten 9 Kinder	=	9 Kinder

a) Vgl. MArbR 20, 1960, 21.

[16] Vgl. Benjamin-Fränkel I S. 6; Bochnik-Burchard-Dieck S. 437; Class in MArbR 20, 1960, 21; Riegraf S. 20 f.; Wendt in MArbR 20, 1960, 25.

[17] Vgl. Statistisches Jahrbuch für die Bundesrepublik Deutschland 1963, a. a. O., S. 6.

[18] Vgl. MArbR 20, 1960, 25.

hafen[19] 1959 339 Kinder von 200 Trinkereltern betreut. Wie die obige Tabelle zeigt, kommt dabei die Trunksucht am häufigsten in Familien vor, die 1 bis 3 Kinder haben.

f) Kriminalität

Innerhalb der Erörterung der sozialen Wirkungen der Trunksucht erhebt sich schließlich die Frage nach der Kriminalität der Trinker. Es interessieren hier vornehmlich drei Fragen: 1. Wie hoch ist der Anteil der Vorbestraften bei Trinkern? 2. Welche Delikte werden von Trinkern am häufigsten begangen? 3. Wie hoch stellt sich der Anteil der chronischen Alkoholkriminalität innerhalb der gesamten Alkoholkriminalität? Der Beantwortung dieser Fragen kommt insofern besondere Bedeutung zu, als die Behandlung krimineller Trinker zwar in erster Linie eine fürsorgerische Aufgabe ist, aber auch die Kriminalpolitik, solange das Maßnahmenrecht noch besteht, ebensowenig auf diese verzichten kann; und zwar deshalb nicht, weil die Kriminalität der Trinker in größerem Maße als der akute Rausch menschliche und soziale Perspektiven hat und die Anwendung besonderer Maßnahmen gegen die Alkoholkriminalität sich immer nur auf eine Gesamtwürdigung des Verhaltens der Rechtsbrecher stützen kann und nicht auf den isolierten Fall einer Trunkenheit[20].

Zur Frage nach dem Anteil der Vorbestraften unter Trinkern, die nicht zu verwechseln ist mit der Frage nach dem Anteil der Vorbestraften unter akuten Alkoholtätern[21], gibt es leider noch keine verwertbaren Veröffentlichungen. Die wenigen Äußerungen im Schrifttum[22] liegen zeitlich derart weit auseinander und sind ihrem Untersuchungsmaterial nach derart heterogener Art, daß sich daraus allgemeine Folgerungen nicht ziehen lassen[23].

Weitaus mehr Klarheit besteht dagegen darüber, welche Delikte am häufigsten von Trinkern begangen werden. Wie dazu bekannt geworden ist[24], werden von Trinkern am häufigsten Verbrechen und Vergehen gegen das Vermögen (Diebstahl, Unterschlagung, Betrug) begangen, so daß man die Vermögenskriminalität als die für Trinker charakteristische

---

19 Vgl. MArbR 20, 1960, 21.

20 Vgl. Waaben S. 9.

21 Vgl. dazu die ausführlichen Untersuchungen bei Hoff-Händel: Verkehrsunfall und Persönlichkeit, Heft 8 der Schriftreihe der Deutschen Hauptstelle gegen die Suchtgefahren, 1961; ferner Wieser S. 45.

22 Vgl. Bayer in SuchtG 1958, 1, 27; Beyer S. 21; Benjamin-Fränkel II S. 705; Dresel S. 75; Wieser S. 47.

23 Der Anteil der Vorbestraften betrug bei Bayer 60 %; bei Beyer 50 %; bei Benjamin-Fränkel 39 %; bei Dresel 64 %; bei Wieser 37 %.

24 Vgl. Benjamin-Fränkel II S. 705 ff.; Dresel S. 72; Exner S. 201; Ostmann S. 351; Waaben S. 11.

Kriminalität bezeichnen kann. Straftaten gegen Personen, Staat und öffentliche Ordnung spielen eine untergeordnete Rolle. Bei der akuten Rauschkriminalität sind die Verhältnisse bekanntlich umgekehrt. Diese verschiedenartigen Auswirkungen erklären sich aus den verschiedenen Wirkungen des Alkoholgenusses. Beim akuten Rausch tritt auf Grund der Abnahme der geistigen Leistungs- und Urteilsfähigkeit bereits nach geringer Alkoholmenge eine Erleichterung der Bewegungsauslösungen ein, die sich als verkürzte Reaktionszeit feststellen läßt. Da die Beantwortung des Reizes schneller, unzuverlässiger und eher als die psychische Verarbeitung vollendet ist, erfolgt, kommt es zu Fehlreaktionen, die zu Affekt- und Erregungshandlungen führen[25]. Bei der Kriminalität der Trinker, die man im Gegensatz zur akuten oder direkten Alkoholkriminalität auch indirekte Alkoholkriminalität nennt[26], sind die Beziehungen zwischen Kriminalität und Alkoholmißbrauch nicht so deutlich zu erkennen. Nicht die Trunksucht selbst, sondern die erst nach längerer Zeit feststellbaren Auswirkungen der Trunksucht sind kriminogen. Infolge des durch die Trunksucht bedingten sozialen Verfalls und der damit einhergehenden Verschlechterung der wirtschaftlichen Verhältnisse kommt es zur Begehung von Diebstählen, Unterschlagungen und Betrügereien, mit denen sich der Trinker in den Besitz der erforderlichen Mittel zum Kauf der alkoholischen Getränke zu bringen versucht oder mit deren Hilfe der Trinker die notwendigsten Dinge des Lebensbedarfs decken will[27]. Während es sich bei der akuten Rauschkriminalität also um Erregungsdelikte handelt, ist die Kriminalität der Trinker Ausdruck sozialen und wirtschaftlichen Verfalls.

Über den Anteil der chronischen Alkoholkriminalität innerhalb der gesamten Alkoholkriminalität gibt es aus neuerer Zeit keine Veröffentlichungen. Die gegenwärtigen Statistiken der Alkoholkriminalität[28] berücksichtigen nur die Fälle der Volltrunkenheit und lassen diejenigen unberücksichtigt, bei denen die Straftaten auf Trunksucht zurückzuführen sind. Um der kriminologischen Forschung Arbeitsunterlagen an die Hand zu geben, wäre es zweckmäßig, wenn wieder wie früher eine Statistik über die Alkoholkriminalität geführt würde, die Zahl und Ort derjenigen strafbaren Handlungen angeben müßte, die nachweisbar im Zustand der Trunkenheit bzw. deren Begehung auf den ge-

---

25 Vgl. Starke S. 9; Jarosch-Müller S. 20; Krankeleit S. 4.

26 Vgl. Benjamin-Fränkel II S. 705; Exner S. 197; Seelig S. 151.

27 Waaben S. 11 schätzt, daß von allen Alkoholtätern, die sich für eine Alkoholentziehungsbehandlung eignen würden, 80 % Eigentumstäter seien.

28 In Frage kommen die jährlichen Statistiken der Abgeurteilten und Verurteilten in den Statistischen Jahrbüchern der Bundesrepublik Deutschland.

wohnheitsmäßigen Genuß von Alkohol zurückzuführen ist[29]. Mangels neuer Unterlagen sei daher auf die letzten Untersuchungsergebnisse in Deutschland zurückgegriffen, die der Staat Bayern für die Zeit von 1910 bis 1930 ermitteln ließ. Damals betrug der Anteil der chronischen Alkoholkriminalität vor dem ersten Weltkrieg durchschnittlich nur 2 % und danach nur etwa 3 %[30].

2. Erfahrungen mit jungen Männern und Frauen

Die Erörterung über die Wirkungen der Trunksucht im sozialen Bereich wäre unvollständig, ließe sie die überaus wichtigen Erfahrungen der Trinkerfürsorge unberücksichtigt, die diese im Umgang mit jungen Männern und Frauen sammeln konnte. Die besonderen Auswirkungen der Trunksucht, wie sie sich gerade bei diesem Personenkreis finden, machen es erforderlich, daß wir auf sie in einem eigenen Abschnitt eingehen.

a) Trunksucht unter jungen Männern

Eines der auffälligsten Erscheinungsbilder der Trunksucht ist heute, daß sie in zunehmendem Maße bei Jugendlichen und unter jungen Männern auftritt. Während man[31] in der Zeit zwischen dem ersten und dem zweiten Weltkrieg davon ausging, daß höchstens 10 bis 15 % der trunksüchtigen Personen bis zu 30 Jahre alt waren, muß man[32] heute damit rechnen, daß der Anteil der bis zu 30 Jahre alten Männer bis zu 20 % beträgt. Diese unerfreuliche Entwicklung hat, wie Beese nachgewiesen hat[33], deutlich um 1954/1955 eingesetzt. Der Anteil der bis zu 30 Jahre alten Personen betrug bei ihm bei 52 in der Zeit von 1950 bis 1954 behandelten Personen 4 = 7,6 % und bei den 94 in der Zeit von 1955 bis 1960 von ihm behandelten Personen 18 = 19,1 %. In besonderem Maße hat die Trunksucht Altersgruppen erfaßt, die noch nicht einmal das zweite Lebensjahrzehnt beendet haben. Während man[34] früher mit einem Anteil jugendlicher Trinker von 1,5 bis 2,5 % rechnete, hat sich dieser Anteil jetzt nahezu verdoppelt. Für diese ungünstige Entwicklung sei als Beispiel nur der wachsende Anteil der jugendlichen Trinker, die von einer Trinkerfürsorgestelle in München erfaßt worden sind[35], in folgendem Schaubild wiedergegeben.

---

[29] Vgl. Näheres dazu bei Starke S. 3.

[30] Vgl. Zeitschrift des bayerischen Landesamts 1928 S. 294; 1929 S. 242; beides zitiert nach Starke S. 14.

[31] Vgl. Thiken II S. 22.

[32] Vgl. Beese S. 284; Beyer S. 20; Fell in MArbR 20, 1960, 22; Bericht der Kath. Suchtkrankenfürsorge Freiburg, 1957, S. 2, 4.

[33] Vgl. Beese S. 284.

[34] Vgl. Thiken II S. 20.

[35] Vgl. SuchtG 1957, 1, 25.

Anteil jugendlicher Trinker einer Trinkerfürsorgestelle in München

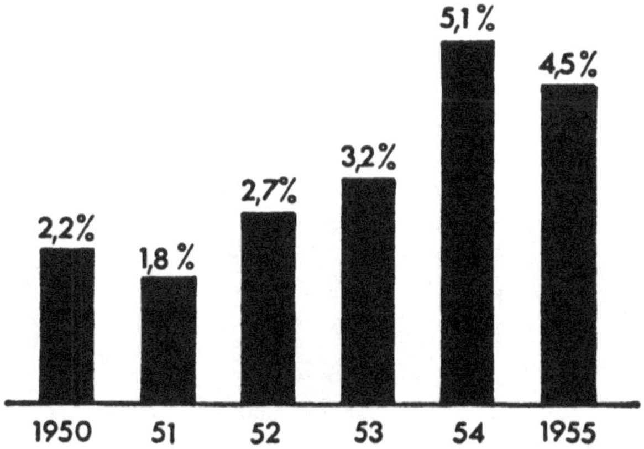

Da diese Entwicklung die Fürsorge vor neue Aufgaben stellte, die sie mit den herkömmlichen Mitteln nicht mehr befriedigend lösen konnte, ferner damit zu rechnen war, daß der Anteil der jugendlichen Trinker weiter ansteigen würde, hat das Evangelische Hilfswerk der Evangelischen Kirche Pfalz am 1. 10. 1961 eine Sondertrinkerheilstätte für jugendliche Trinker eingerichtet, in der unter ärztlich-psychiatrischer Leitung bis zu 50 jugendliche Trinker für eine 9-monatige Kur Aufnahme finden können[36].

b) Frauentrunksucht

Neben den Erfahrungen mit jungen Männern bedürfen auch die Erfahrungen mit trunksüchtigen Frauen einer besonderen Erörterung, da die Trunksucht bei Frauen im Vergleich zur Männertrunksucht eine Reihe von bemerkenswerten Unterschieden aufweist.

Ähnlich wie die Trunksucht bei jungen Männern ist auch bei der Frauentrunksucht eine beachtliche Zunahme festzustellen. Unter 100 trunksüchtigen Personen befinden sich, wie bereits oben erwähnt[37], im Durchschnitt heute 10 Frauen. Als Beispiel für den allmählichen Anstieg der Frauentrunksucht wollen wir hier die Entwicklung des Anteils der betreuten trunksüchtigen Frauen bei der staatlichen Trinkerfürsorgestelle der Stadt Kiel für den Zeitraum 1954 bis 1962 in einem Schaubild wiedergeben[38].

---

[36] Vgl. SuchtG 1962, 1, 22.

[37] Vgl. S. 24 der Arbeit.

[38] Die Zahlen hat der Verf. auf Grund von Zahlenangaben des Gesundheitsamtes der Stadt Kiel errechnet.

Prozentualer Anteil der trunksüchtigen Frauen in der staatlichen Trinkerfürsorge in Kiel

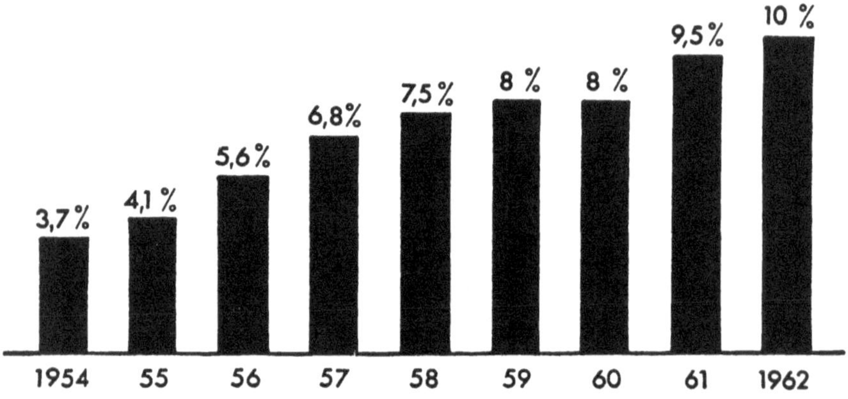

Die verschiedenartigsten Umstände werden für diese Entwicklung verantwortlich gemacht. So schließen Bochnik-Burchard-Dieck[39] aus der Tatsache, daß die Hälfte aller von ihnen behandelten Personen in irgendeiner Weise mit dem Alkoholgewerbe verbunden war oder einen Trinker als Ehemann hatte, daß Verführung und Verleitung Schrittmacher zur Trunksucht seien. Als einer der Hauptgründe sei jedoch der Wandel der sozialen Stellung der Frau und der damit einhergehenden Sitten anzusehen[40]. Infolge des Wandlungsprozesses der sozialen Stellung der Frau und der damit verbundenen Neutralisationserscheinungen (Bürger-Prinz), bei der alle bisherigen Rollenunterschiede verwischt würden, sei die Frau den Spannungsfeldern der sozialen Leistung und Anerkennung ausgesetzt, die früher vorwiegend dem Mann aufgegeben gewesen seien. Diese Wandlung bringe nicht nur eine Veränderung der äußeren Lage mit sich, sondern erfordere auch eine veränderte psychische Einstellung der Frau zu Fragen des Lebens, die jedoch von vielen nicht bewältigt würden. Träten dann bestimmte Enttäuschungen immer wieder auf, die bis zur Lähmung des Widerstandswillens führen könnten, dann suche heutzutage die Frau, die im Wege des Abbaus konventioneller Beschränkungen für die Frau und der Gleichberechtigung auch die Trinkgewohnheiten übernommen habe, bei schwierigen Lebenssituationen wesentlich eher als früher im Alkoholgenuß Linderung. Es gelte auch hier der Satz, daß, je mehr sich die Frau in ihrer Stellung dem Mann nähere und ihn

---

39 Vgl. Bochnik-Burchard-Dieck S. 438.

40 Vgl. Bochnik-Burchard-Dieck S. 438; von der Heydt S. 71; Pohlisch Seite 32.

ersetze, sie desto eher auch dieselben asozialen Handlungen begehe wie der Mann[41]. Für die Richtigkeit dieser Annahme spreche insbesondere, daß die Trunksucht im Gegensatz zu früher heute Frauen aus allen Schichten erfasse. Man wird jedoch nicht übersehen können, daß es eine Reihe von schwierig zu verarbeitenden, seelischen Konfliktsituationen gerade bei Frauen gibt, die sich als bedeutende Disposition zur Trunksucht darstellen. Kontaktarmut und Kinderlosigkeit, nicht erfüllte Hoffnung auf Ehe, vor allem aber Einsamkeit und Verlassensein können Konfliktsituationen entstehen lassen, aus denen die Frau oftmals durch Alkoholmißbrauch zeitweilig zu entfliehen sucht[42]. Es ist in diesem Zusammenhang nicht zu vergessen, daß es noch niemals zuvor wie in der Gegenwart so viele einsame Frauen gegeben hat, deren Ehemänner bzw. deren potentielle Ehemänner im letzten Krieg gefallen sind. Dafür, daß die eben genannten Konfliktsituationen wohl hauptsächlich als Ursache für die heutige Frauentrunksucht in Frage kommt, sprechen insbesondere auch die Ergebnisse der zu dieser Frage gemachten Untersuchungen. Während der Anteil der ledigen, verwitweten oder geschiedenen Frauen in der allgemeinen Bevölkerung 1961 jeweils 38,4 %; 13,3 % bzw. 1,9 % ausmachte[43], betrug bei den von Bochnik-Burchard-Dieck[44] behandelten Personen der Anteil der Witwen und Ledigen zusammen 33 %; bei Riegraf[45] machte der Anteil der Ledigen, Witwen und Geschiedenen, die untereinander etwa einen gleich großen Anteil hatten, zusammen 61 % aus.

Neben dem starken Anstieg der Trunksucht ist weiter die Art des Trinkens kennzeichnend. Damit die Außenwelt keine Kenntnis erhält, trinkt die trunksüchtige Frau vorwiegend heimlich. Da die Frauentrunksucht im Gegensatz zur Männertrunksucht im allgemeinen immer noch als schuldhaft herbeigeführt und als ein verurteilungswürdiger Zustand angesehen wird, der die betroffene Person in der Öffentlichkeit diffamiert, hält die trinkende Frau oder ihre Familie den Zustand möglichst lange geheim. Die Dunkelziffer ist daher gerade bei trunksüchtigen Frauen besonders hoch. Wird die trunksüchtige Frau schließlich doch der Trinkerfürsorgestelle bekannt, ist die Dauer der Trunksucht gewöhnlich bereits so hoch, daß sich für die Heilung eine schlechte Prognose bietet. Bochnik-Burchard-Dieck[46] berichten, daß

---

[41] Vgl. Bochnik-Burchard-Dieck S. 435.

[42] Vgl. Solms S. 307.

[43] Vgl. Statistisches Jahrbuch für die Bundesrepublik Deutschland 1963, a. a. O., S. 6.

[44] Vgl. Bochnik-Burchard-Dieck S. 438.

[45] Vgl. Riegraf S. 20.

[46] Vgl. Bochnik-Burchard-Dieck S. 436.

die Trunksucht bei den von ihnen behandelten 138 Frauen nur bei etwa einem Fünftel weniger als fünf Jahre, bei 81 % dagegen bereits über fünf Jahre gedauert hatte.

Schließlich sei auf eine weitere Besonderheit der Frauentrunksucht aufmerksam gemacht. Beim Alkoholmißbrauch der Frau sind größere Zerstörungen, ein schnellerer Abbau der Persönlichkeit sowie ein schnellerer Zerfall des Körpers festzustellen. Die trunksüchtige Frau ist daher, wenn Frau und Mann gleich lange trinken, wesentlich mehr als der Mann gefährdet.

Zweiter Abschnitt

Behandlungsmöglichkeiten der Trunksucht

Nach der Erörterung der Trunksucht und ihrer sozialen Folgen ist nunmehr zu fragen, welche Möglichkeiten der Bekämpfung eine Behandlung durch die staatliche und private Trinkerfürsorge[1] bietet und wie eine solche erfolgreiche Behandlung nach dem Stand der medizinischen Erkenntnis durchgeführt werden müßte. Da die staatliche und die private Trinkerfürsorge nicht auf allen Gebieten mit gleicher Intensität arbeiten, sie vielmehr schwerpunktsmäßig auf einem jeweils anderem Gebiet tätig sind, ist eine getrennte Darstellung der Behandlungsmöglichkeiten der staatlichen und der privaten Trinkerfürsorge angezeigt. Ehe wir auf die Behandlungsmöglichkeiten jedoch im einzelnen eingehen können, seien einige Worte über das allen trinkerfürsorgerischen Behandlungsmöglichkeiten gemeinsame Behandlungsziel vorausgeschickt, das wiederum Mittel und Wege der Behandlung bestimmt. Die langjährigen trinkerfürsorgerischen Erfahrungen haben gezeigt, daß auf die Dauer nur derjenige Trinker als wirklich geheilt gelten kann, der abstinent lebt. In erster Linie soll daher völlige Abstinenz des Trinkers angestrebt werden. In allen anderen Fällen, in denen infolge langjähriger Trunksucht die bereits eingetretenen Schäden nicht mehr beseitigt werden können, ist der Versuch zu unternehmen, die Trinker sozial wieder einzugliedern[2].

A. Behandlungsmöglichkeiten der staatlichen Trinkerfürsorge

Wenden wir uns zunächst den Behandlungsmöglichkeiten der staatlichen Trinkerfürsorge zu, so unterscheiden wir hier die ambulante und die stationäre Trinkerfürsorge.

---

[1] Die Arbeit hat nur die Trinker zum Gegenstand, die von der Trinkerfürsorge betreut werden. Zur Frage der Behandlung derjenigen Trinker, die straffällig geworden sind, vgl. Neumann in MschrKrim 1962, 24 ff.; Riemenschneider in MschrKrim 1956, 24 ff.; Peters, K., S. 290 ff.; Sieverts S. 12 ff.; Waaben S. 12 ff.

[2] Vgl. Frandsen in BlWPfl 1961, 245; von der Heydt in SozArb 1961, 55.

I. Ambulante Trinkerfürsorge

Im Hinblick auf Umfang und Ausmaß geschieht die staatliche Trinkerfürsorgearbeit hauptsächlich im Wege der ambulanten Fürsorge, die von den Trinkerfürsorgestellen ausgeht.

Unmittelbar nach Kenntnisnahme des Verdachts, daß ein Fall der Trunksucht vorliegt, sollte sich die Trinkerfürsorge des neuen Falles annehmen. In der Regel genügt dafür, daß der Trinker aufgefordert wird, sich zu einem Gespräch mit dem Trinkerfürsorger bereitzuhalten. In den meisten Fällen ist es zweckmäßig, daß der Trinkerfürsorger persönlich einen Hausbesuch macht. Er kann dann am ehesten beurteilen, ob ein betreuungsbedürftiger Fürsorgefall vorliegt. Deuten alle Umstände darauf hin, daß es sich um einen Trunksuchtsfall handelt, ist anzustreben, daß der Trinker dem Amtsarzt vorgestellt wird, damit dieser entscheiden kann, welche Behandlung einzuschlagen ist. Dieser Untersuchung, die sich insbesondere eingehend mit der Persönlichkeitsstruktur des Trinkers sowie dem Grad der Schädigung befassen muß[3], kommt für den späteren Heilerfolg große Bedeutung zu. In die ambulante Fürsorge sollen nach Möglichkeit nur diejenigen Fälle kommen, die eine günstige Prognose bieten. Hierunter fallen diejenigen trunksüchtigen Personen, bei denen die Trunksucht noch von kurzer Dauer ist und die weder Persönlichkeitsschäden noch soziale Verfallserscheinungen aufweisen[4]. Da die Heilstätten jedoch bei weitem nicht alle diejenigen Trinker aufnehmen können, für die an sich nur eine Heilstättenbehandlung in Frage käme, müssen in der Praxis leider auch diese Fälle von der ambulanten Trinkerfürsorge mitbetreut werden.

Im allgemeinen soll sich die Behandlung in mehreren Stufen vollziehen[5]. Die Fürsorge hat zunächst zu versuchen, die akuten Komplikationen des Trinkers zu bekämpfen sowie das Allgemeinbefinden durch Entgiftung und Entziehung zu beheben. Gleichzeitig sind alle Einflüsse, die sich für die Trunksucht förderlich oder begünstigend ausgewirkt haben, auszuschalten. Zu diesem Zweck ist der Trinker und seine Familie durch regelmäßige Hausbesuche zu betreuen sowie in seinen wirtschaftlichen und beruflichen Angelegenheiten zu beraten. Dazu gehört auch, daß er außerdem über Wesen und Wirken des Alkoholmißbrauchs aufgeklärt wird.

Da auf die Dauer eine Heilung nur denkbar ist, wenn die Macht einer neuen Gewohnheit in entgegengesetzter Richtung als bisher dem Trin-

---

[3] Vgl. Graf I S. 10; Soeder in SuchtG 1959, 2, 13.

[4] Vgl. Bleuler S. 253.

[5] Vgl. stellvertretend für die umfangreiche medizinische Literatur Solms S. 298 ff.

ker Weg und Richtung weist, ist es weiter erforderlich, daß er zur abstinenten Lebensweise angehalten wird. Dies kann durch psychotherapeutische Behandlung geschehen, die durch Zuhilfenahme von medizinischen Kuren gestützt werden kann. Bei ihnen wird durch die Verabreichung von Tablettenpräparaten eine künstliche Alkoholintoleranz erzeugt[6]. Ohne ordnungsgemäße Überwachung sind solche Kuren jedoch mit Gefahren für den Trinker verbunden. Da erfahrungsgemäß letztlich nur eine umfassende psychotherapeutische Behandlung auf Dauer zur Heilung führen kann, sind diese medizinischen Hilfen nicht Heil- sondern lediglich Hilfsmittel.

Ist der Trinker durch die Entwöhnung einigermaßen geheilt oder wenigstens sozial rehabilitiert, darf die ambulante Trinkerfürsorge ihn nicht sich selbst überlassen. Vielmehr soll sie nunmehr ihn in nachgehender Fürsorge betreuen und ihn in seinem Bemühen, abstinent zu leben, unterstützen.

II. Stationäre Trinkerfürsorge

Für die Fälle, in denen die Behandlungsmöglichkeiten der ambulanten Trinkerfürsorge nichts auszurichten vermögen, kommt die stationäre Fürsorge in Betracht, bei der sich geschichtlich und methodisch zwei Formen entwickelt haben[7]: die offene Heilstättenfürsorge und die Fürsorge in geschlossenen Anstalten[8]. Da die geschlossene Fürsorge, die naturgemäß nur vom Staat durchgeführt werden kann, die Trinker im großen und ganzen nach denselben Methoden wie die offene Heilstättenfürsorge der privaten Fürsorge behandelt, soll im Rahmen der Erörterung dieser Behandlungsart auch auf die Behandlungsform der geschlossenen Heilstätten eingegangen werden.

B. Behandlungsmöglichkeiten der privaten Trinkerfürsorge

Wie die staatliche kennt auch die private Trinkerfürsorge die beiden Formen der ambulanten und stationären Fürsorge, wobei die ambulante Fürsorge vom Helferdienst betrieben und die stationäre Fürsorge in den offenen Heilstätten durchgeführt werden. Wir wenden uns zunächst der offenen Heilstättenfürsorge zu und fragen, welche Behandlungsmöglichkeiten sich dort bieten.

---

[6] Vgl. zur Anwendung der medikamentösen Kuren besonders Binder in FürS 1953, 34 ff.; Bleuler S. 258 ff.; Solms in FürS 1952, 71 ff.; Stemplinger in SuchtG 1957, 1, 19 ff.

[7] Vgl. Schröder S. 429.

[8] Bereits 1851 hat die Innere Mission in Lintdorf eine erste Trinkerheilstätte errichtet.

I. Offene Heilstättenfürsorge

Obwohl die Zweckmäßigkeit der Heilstättenbehandlung hin und wieder in Zweifel gezogen wird und statt derer Ambulatorien für Trinker an allgemeinen Krankenhäusern für sinnvoller gehalten werden[1], nimmt die Heilstättenbehandlung in der gesamten Trunksuchtsbekämpfung nach wie vor den wichtigsten Platz ein[2]. Die Heilstätte steht im allgemeinen unter ärztlich-psychiatrischer Leitung. Sie ist zwischen Krankenhaus und Pflegeanstalt einzuordnen. Die Heilstättenbehandlung bedarf der Zustimmung des Trinkers und ist an dessen Bereitschaft gebunden, die Hausordnung einzuhalten. Da sie Einsicht und ein Mindestmaß an Heilungswillen voraussetzt, sollen in die Heilstätte diejenigen Trinker kommen, die sich nicht mehr ambulant behandeln lassen, die dennoch aber über so viel intellektuelle Einsicht verfügen, daß sie sich freiwillig in eine offene Heilstätte begeben[3]. Die Kur soll, wenn sie Erfolg haben soll, möglichst sechs Monate dauern. Leider erreicht in der Praxis aus verschiedenen Gründen nur ein ganz geringer Teil der Trinker diese Zeit. Wie Stemplinger mitteilt[4], dauerten in seinem Bereich von den durchgeführten Kuren prozentual 8 % nur 1 Monat, 27 % 2 Monate, 35 % 3 Monate, 15 % 4 Monate, 7 % 5 Monate und nur 8 % 6 Monate. Über die Hälfte aller Kuren dauerten daher nur 2 bis 3 Monate.

Zur Erreichung des Heilstättenbehandlungszieles wendet man verschiedene Methoden an, die allgemeiner, psychotherapeutischer oder medikamentöser Art sein können und die entweder für sich oder im Zusammenhang miteinander Erfolg versprechen. Der erste wichtige Schritt zur Heilung geschieht bereits dadurch, daß der Trinker seine bisherige Umgebung verläßt und durch den Aufenthalt in der Heilstätte von ihr isoliert wird. Um den Trinker schnell an die neue Umgebung zu gewöhnen und um den beginnenden Heilungsprozeß möglichst wenig zu stören, wird dem Trinker in der Regel jeder Urlaub nach Hause untersagt. In diese Maßnahme willigt der Trinker bei Eintritt in die Heilstätte durch schriftliche Anerkennung der Kurordnung ein. Sodann erfolgt eine Umstellung auf reizlose Kost, der Trinker wird ferner im Wege der Arbeitstherapie mit manuellen Arbeiten beschäftigt, damit die zerrütteten Nerven und die erschlafften Muskeln die nötige Spannkraft wiedergewinnen und somit den Ge-

---

[1] So z. B. Habernoll S. 12; Panse in SuchtG 1958, 3, 21.

[2] 1963 gab es in der Bundesrepublik 11 offene Heilstätten (5 für Männer, 2 für Frauen und 1 für Jugendliche unterhielt die evangelische Trinkerfürsorge; 2 für Männer und 1 für Frauen trug die kath. Trinkerfürsorge).

[3] Vgl. Schröder S. 429.

[4] Vgl. SuchtG 1957, 1, 25.

samtorganismus wiederherstellen helfen. Dem gleichen Ziel dienen Sport und Gymnastik. In Unterrichtsstunden werden schließlich Wirkungsweise des Alkohols auf den Körper und die sozialen Folgen der Trunksucht besprochen.

Da die Trunksucht aber weder durch rein körperliche noch durch rein seelische Vorgänge sich erklären läßt, sondern ein psycho-physischer Prozeß[5] ist, steht in der Heilstätte im Vordergrund eine psychotherapeutische Behandlung[6], die neben der medikamentösen Behandlung als Kernstück der Heilstättenbehandlung von Heimleiter, Arzt[7] und Seelsorger[8] gemeinsam durchgeführt wird. Im Anschluß an die Aufhellung der Vorgeschichte des Patienten, zu der insbesondere die Lebensgeschichte des Trinkers, dessen primäre Konflikte und etwaige Suchtmotive gehören[9], werden die Ursachen der Trunksucht besprochen. Da sich beim Ringen um Selbsterkenntnis oft das Bewußtsein der Minderwertigkeit und der Selbstkrise[10] einstellt, wird versucht, den Trinkern ein neues Verantwortungsgefühl zu geben. Mittelpunkt aller psychotherapeutischen Arbeit ist das Gespräch zwischen Arzt und Patienten, bei dem im Nacherleben und Erinnern der Situation, die die Spannung gesetzt hat, eine Auseinandersetzung mit ihr und damit eine Befreiung von den affektiven Spannungen erstrebt wird[11]. Da die Trinker weitgehend Persönlichkeitsdefekte aufweisen, werden in zunehmendem Maße auch heilpädagogische Maßnahmen angewandt[12], die an vorhandene Anlagen anknüpfen und auf Grund des Heilungswillens des Trinkers die im Kranken vorhandenen Abwehrkräfte wecken. Hierbei zeigt die Erfahrung, daß Gruppengesprächen besondere Bedeutung zukommt. Aller psychotherapeutischen Behandlung geht es letzten Endes darum, daß der Trinker wieder eine innere Geborgenheit, echte familiäre Bindung und echte Verbundenheit mit einer beruflichen Tätigkeit findet. Der medikamentösen Behandlung kommt auch in der Heilstättenfürsorge eine zweitrangige Bedeutung nur in der Weise zu, als sie die psychische Behandlung immer nur unterstützen kann[13].

---

[5] Vgl. Bleuler S. 145; Beese S. 277; Hunziker S. 2.

[6] Vgl. hierzu ausführlich bes. Solms S. 311 ff.

[7] Vgl. dazu Kröber in MArbR 13, 158, 29.

[8] Vgl. zur Seelsorge in der Heilstätte: Müller, M., in MArbR 13, 158, 33 f.

[9] Vgl. Solms S. 307.

[10] Vgl. hierzu Zurukzoglu-Nußbaum: Die Bedeutung des Minderwertigkeitsgefühls für den Alkoholismus — Entstehung, Behandlung, Verhütung; Schwarzenburg 1954.

[11] Vgl. Bleuler S. 141.

[12] Vgl. Kuhn in MArbR 13, 1958, 31; Lask in MArbR 21/22, 1961, 27.

[13] Vgl. dazu ausführlich Binder in FürS 153, 38 ff.; Solms S. 314 ff.; ferner ders. in SuchtG 1960, 2, 1 ff.; ders. in FürS 1952, 68 ff. 60; Stemplinger in SuchtG 1955, 2, 9 ff.

II. Ambulante Trinkerfürsorge

Wird der Trinker als geheilt aus der Heilstätte entlassen, so soll ihn neben der staatlichen Trinkerfürsorgestelle die private Trinkerfürsorge weiter betreuen, mit der bereits in der Zeit, in der sich der Trinker noch in der Heilstätte befindet, Verbindung aufgenommen wird[14] und zu deren Hauptaufgabe neben der ambulanten Betreuung der Trinker insbesondere auch die nachgehende Fürsorge für ehemalige Trinker gehört. Die ambulante private Trinkerfürsorge führt die Betreuung durch Hausbesuche und Beratungen durch. In den meisten Fällen wird der ehemalige Trinker dazu angehalten, in einen Abstinenzverein einzutreten, um in dessen Gesellschaft in seinem Bestreben, alkoholfrei zu leben, eine Stütze zu finden. Neben der eigentlichen Betreuung obliegt der privaten Trinkerfürsorge hauptsächlich die Durchführung der Familienpflege.

Wenn sich bei der privaten Trinkerfürsorge auch hin und wieder Mängel zeigen, so liegt das vielfach daran, daß zum Helfer in der Trinkerfürsorge trotz guten Willens nicht jedermann geeignet ist. Ein Helfer muß ein großes Maß an Zeit aufbringen, soll neben einer sozial-caritativen Einstellung das nötige Fingerspitzengefühl haben, sich taktvoll mit fremden Schicksalen befassen und selbst eine gefestigte Persönlichkeit mit lauterem Charakter sein[15]. Da die staatliche Trinkerfürsorge sich in der augenblicklichen Lage nicht in dem Maße um die Trinker kümmern kann[16], wie es die private Trinkerfürsorge tut, ist die Tätigkeit der privaten Trinkerfürsorge oft von entscheidender Wichtigkeit. Die große praktische Bedeutung ihrer Arbeit zeigt sich in ihren Leistungen. So betreuten 1957/58 alle evangelischen Trinkerfürsorgeverbände 20 872 trunksüchtige Männer sowie 2596 trunksüchtige Frauen[17], die katholischen Verbände im Jahre 1961 22 302 Trinker, darunter 2012 Frauen[18] und der Guttemplerorden im Jahre 1961 8000 Trinker[19]. Alle freien Verbände leisten bei der Bekämpfung der Trunksucht einen wesentlichen Sozialarbeitsbeitrag. In welcher Weise das geschieht, beweist auch der Bericht über Einrichtungen, Personal sowie Leistungen der privaten Trinkerfürsorge in Westberlin

---

14 Vgl. Dreher in MArbR 13, 1958, 34; Kuhn in SuchtG 1957, 3, S. 4 ff.

15 Vgl. Britsch: Über Helfer- und Helferinnendienst in der Trinkerfürsorge, 1921.

16 In Kiel mußte 1958 z. B. ein einziger hauptamtlicher Trinkerfürsorger 480 Trinker betreuen.

17 Vgl. MArbR 15, 1958, 5.

18 Vgl. SozArb 1963, 37.

19 Die Zahl wurde dem Jahresbericht für das Jahr 1961 entnommen, abgedruckt im Bericht über die 73. Jahresversammlung und die wissenschaftlich-praktische Konferenz zur Erforschung der Suchtgefahren, Hamburg 1962, S. 33 f.

für die Zeit von 1955 bis 1961[20], der nachstehend tabellarisch wiedergegeben werden soll.

Tabelle 4

Einrichtungen und Hilfskräfte der privaten Trinkerfürsorge in Westberlin

	1955	1956	1957	1958	1959	1960	1961
Auskunft-, Beratungsstellen ..	106	94	133	123	107	135	176
Fürsorger	7	8	5	5	5	6	5
Helfer	217	169	154	254	232	198	236

Tabelle 5

Hausbesuche und Beratungen 1961

	Guttempler	Innere Mission	Blaukreuz	Caritas
Beratungen	570	334	398	605
Hausbesuche	4112	1112	5370	502

Es gibt für die Bekämpfung der Trunksucht keine Standardmethoden, da die Vielfalt der Trinksitten, Trinkmotive, Getränkearten, die verschiedenen Einstellungen der Bevölkerung zum Alkoholkonsum und die ungleichen Entstehungsbedingungen zu unterschiedlichen Erscheinungsformen führen, die jeweils eine voneinander differenzierte Behandlungsweise erfordern[21]. Die bisher von der medizinischen Forschung und Praxis erarbeiteten Behandlungsmethoden bieten eine Reihe von Wegen an, mit denen die Trunksucht geheilt werden kann. Inwieweit sich dabei letztlich Erfolge erzielen lassen, ist eine Frage für sich. Wir wollen ihr im nächsten Abschnitt nachgehen.

[20] Vgl. SozArb 1963, 17.
[21] Vgl. Solms S. 297.

Dritter Abschnitt

Behandlungserfolge

Wenn wir uns der Frage zuwenden wollen, welche Erfolge der Trinkerfürsorgearbeit im allgemeinen beschieden sind, so müssen wir uns zuvor Klarheit darüber verschaffen, nach welchen Kriterien der Erfolg gemessen werden soll. Dazu ist grundsätzlich zu sagen, daß die allgemein maßgeblichen Erfolgskriterien, zu denen Qualität und Dauer der sozialen Sanierung, der medizinischen Gesundung, Arbeitsfähigkeit, sozialer Aufstieg, Sanierung der Familienverhältnisse sowie das Abgeklungensein seelischer und körperlicher Zerrüttung gehören, sich zwischen den verschiedenen Behandlungsergebnissen nicht so ohne weiteres vergleichen lassen, weil das an verschiedenen Orten betreute Krankengut ganz unterschiedlich zusammengesetzt sein kann und weil die verschiedenen Patientengruppen unterschiedlichen therapeutischen Verfahren unterzogen worden sind[1]. Um überhaupt einen gewissen Einblick in die Erfolge der Trinkerfürsorgearbeit aber geben zu können, schließen wir uns hier den allgemein in der Praxis[2] gebrauchten Einteilungen an und unterscheiden Geheilte, Gebesserte und Rückfällige. Dabei sollen diejenigen Trinker als geheilt gelten, die nach der Behandlung durch die Trinkerfürsorge vorwiegend abstinent leben. Als gebessert werden diejenigen Trinker bezeichnet, die zwar vereinzelt Rückfälle erleiden, im großen und ganzen aber sozial rehabilitiert sind. Alle anderen Trinker, die sich durch die Behandlung unbeeinflußt zeigen, weiterhin trunksüchtig bleiben und sozial mehr und mehr abgleiten, werden als rückfällig bezeichnet.

Wir wenden uns zunächst den allgemeinen Ergebnissen zu und werden danach uns der Frage widmen, welche Umstände im einzelnen sich auf den Heilerfolg negativ oder positiv auswirken.

---

[1] Vgl. Solms S. 328.

[2] Vgl. Beese S. 280; Dresel S. 70; Rudolph S. 8; Thiken II S. 27; SuchtG 1959, 1, 25.

A. Allgemeine Ergebnisse

I. Ambulante Fürsorge

Im Bereich der ambulanten privaten wie staatlichen Trinkerfürsorge liegen über die Wirksamkeit der Beratungsstellen für die Behandlungen, die ohne medikamentöse Hilfe durchgeführt wurden, keine zuverlässigen Erfolgszahlen vor[3]. Wir können uns daher nur auf die allgemein geäußerte Erfahrung[4] berufen, in der immer wieder berichtet wird, daß der Anteil der Geheilten sehr gering sei, der Anteil der Gebesserten zeitweise ein Drittel ausmache und daß demzufolge die Zahl der Rückfälligen sehr groß sei. Der Grund für diese schlechten Ergebnisse wird darin gesehen, daß nur eine intensive psychotherapeutische Behandlung Erfolge zeitigen könne, die sich aber weitgehend nur während eines Heilstättenaufenthaltes durchführen lasse. Immerhin ist beachtenswert, daß sich durchaus ein Teil der Trinker sozial rehabilitieren läßt.

Im Gegensatz zu den ambulanten Betreuungen, bei denen keine medikamentöse Hilfe vorlag, liegen zahlenmäßige Ergebnisse von medikamentös gestütztem Krankengut vor[5]. Aus den Behandlungsergebnissen dieser zum Teil sehr lange katamnestisch nachkontrollierten Trinker geht hervor, daß durch ambulante Entwöhnungskuren teilweise bis zu zwei Drittel aller Trinker geheilt, zumindest aber sozial rehabilitiert werden konnten. Damit können sich die Ergebnisse der medizinischen Entwöhnungskuren neben den Resultaten der Heilstättenbehandlungen sehen lassen. Es fällt dabei ins Gewicht, daß ein Aufenthalt in der Heilstätte üblicherweise mit einem Verdienstausfall verbunden ist, die Familie unterstützt werden muß und unter Umständen mit einem Verlust des Arbeitsplatzes zu rechnen ist. Dies alles wird bei einer ambulanten Entziehungskur vermieden.

II. Stationäre Fürsorge

Auf Grund der besseren Behandlungsbedingungen zeigen sich im allgemeinen bei der stationären Behandlung in Heilstätten und Kliniken bessere Erfolge. Wenn auch bei der Auswertung der Heilstättenberichte eine gewisse Vorsicht am Platze ist, da die Zeit nach der Entlassung, auf die es ankommt, in den Ergebnisberichten manchmal nicht angegeben ist, die Heilstätten ferner durch ihre Berichte hinsichtlich staatlicher und anderer finanzieller Zuschüsse ihre Existenz-

---

[3] Vgl. Solms S. 330.

[4] Vgl. Beese S. 280; Dresel S. 70; Rudolph S. 8; Thiken II S. 27; SuchtG 1959, 1, 25.

[5] Vgl. im einzelnen dazu Solms S. 330 ff.

berechtigung beweisen müssen, so spiegeln sich doch in den Veröffentlichungen die allgemeinen Erfahrungen wider[6], daß der Anteil der Geheilten, auf die es in erster Linie ankommt, in der stationären Trinkerfürsorge wesentlich größer ist. Man kann davon ausgehen, daß jeweils ein Drittel gebessert und geheilt wird, während ein Drittel rückfällig wird[7].

B. Einflüsse auf den Heilerfolg

In erster Linie wirken sich auf den Heilerfolg eine Reihe von Eigenschaften und Umständen aus, die in der Person des Trinkers selbst liegen. So ist entscheidend, ob die Dauer der Trunksucht lang oder kurz ist. Bei langjähriger Trunksucht sind die Heilungsaussichten sehr gering. Allenfalls läßt sich eine soziale Rehabilitierung erreichen. Wichtig ist daher, daß die Frühfälle erfaßt werden.

Ferner haben diejenigen Personen günstige Heilungsaussichten, die noch keine körperlichen Schäden erlitten haben und bei denen es sich um leistungsfähige Personen handelt.

Auch das Alter spielt eine erhebliche Rolle[1]. Mit fortschreitendem Alter werden die Erfolgsaussichten schlechter. So ist der Anteil der Rückfälligen besonders groß bei Personen, die im 5. Lebensjahrzehnt stehen. Eine schlechte Prognose haben jugendliche Trinker.

Außer diesen in der Person des Trinkers begründeten Umständen wirken sich weiter Dauer und Art der Behandlung auf den Heilerfolg aus. So ist der Anteil der Geheilten größer, je länger die stationäre Behandlung dauert[2]. Wo der Trinker zur Totalabstinenz erzogen wird, ist der Heilerfolg größer als bei Behandlungen, die nur zur Mäßigkeit erziehen. Der Erfolg ist weiter dann größer, wenn medikamentöse Behandlungen durch eine intensive psychotherapeutische Behandlung verstärkt werden. Dies zeigt folgende Tabelle.

Weiter wirkt sich der Umstand, daß der Trinker freiwillig eine Kur macht, auf den Heilerfolg aus. Erfahrungsgemäß ist der Heilerfolg bei Zwangseingewiesenen geringer als bei Freiwilligen[3], da im Gegensatz zu den Freiwilligen, die selbst den Wunsch haben, geheilt zu

---

[6] Vgl. Beese S. 281; Beyer S. 21; Bleuler S. 257; Rudolph S. 28, 51; Solms S. 329; Stemplinger in SuchtG 1957, 1, 26; MArbR 21/22, 1961, 35.

[7] Vgl. Beese S. 281; Beyer S. 21; Bleuler S. 257; Rudolph S. 28, 51; Solms S. 329; Stemplinger in SuchtG 1957, 1, 26; MArbR 21/22, 1961, 35.

[1] Vgl. Graf I S. 11.

[2] Vgl. Beese S. 283; Rudolph S. 52.

[3] Vgl. Rudolph S. 52.

werden, diese Voraussetzung bei Zwangseingewiesenen erst geschaffen werden muß.

Tabelle 6

Einfluß der Psychotherapie auf den Heilerfolg[a)]

	insgesamt Betreute	erfolgreich behandelt	ohne Erfolg behandelt
Behandlung mit Psychotherapie	96	51 %	49 %
Behandlung ohne Psychotherapie	54	37 %	63 %

a) Vgl. Rudolph S. 40.

Von entscheidendem Einfluß auf den dauernden Heilerfolg ist auch, mit welcher Intensität die nachgehende Fürsorge betrieben wird. Gerade in den ersten Monaten nach der stationären Behandlung bedarf der ehemalige Trinker der steten Betreuung. Erfahrungsgemäß[4] treten in den ersten sechs Monaten nach der Entlassung aus der Heilstätte die Rückfälligkeitserscheinungen am häufigsten auf. Die nachfolgende Tabelle, die über den Eintritt der Rückfälligkeit bei den von Rudolph[5] untersuchten Personen Aufschluß gibt, bestätigt diese Tatsache.

Tabelle 7

Eintritt der Rückfälligkeit

Zeit nach der Behandlung in Monaten	abstinent	rückfällig
0— 3	72 %	28 %
3— 6	52,7 %	47,3 %
6— 9	50,0 %	50,0 %
9—12	47,3 %	52,7 %
12—15	46,6 %	53,4 %
15—18	46,0 %	54,0 %
18—24	46,0 %	54,0 %

4 Vgl. Beese S. 286; Rudolph S. 51.

5 Vgl. Rudolph S. 39.

Diese Ergebnisse sollen durch die beiden nachfolgenden Schaubilder noch im einzelnen verdeutlicht werden. Es zeigt sich im folgenden ersten Schaubild deutlich, wie in den ersten sechs Monaten nach der Entlassung der prozentuale Anteil der Trinker besonders stark ansteigt bzw. abfällt, je nach dem, ob wir die Kurve der Rückfälligen oder die der abstinent Lebenden betrachten. Im zweiten Schaubild wird der starke Anstieg der Rückfälligkeit in den ersten sechs Monaten nach der Entlassung dadurch besonders kenntlich gemacht, daß die Steigungsquotienten der Rückfälligen-Kurve aus dem ersten Schaubild abgetragen worden sind. Hierbei zeigt sich, daß die Kurve der Steigungsquotienten in der ersten und zweiten Zeitperiode (die ersten sechs Monate nach der Entlassung) ihren Höhepunkt erreicht, um dann abrupt abzusinken.

Eintritt der Rückfälligkeit

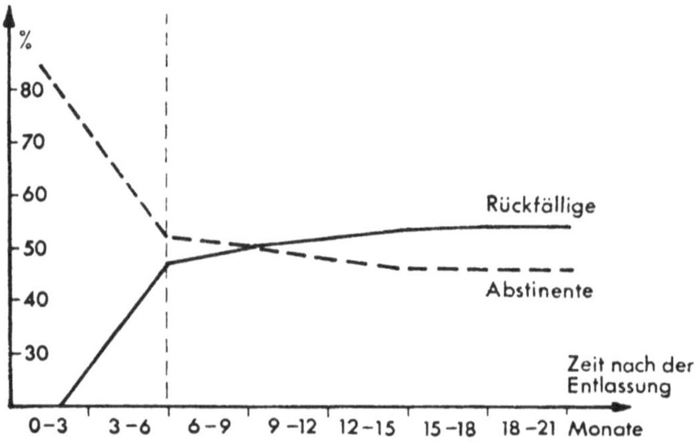

Ganz besonders sind die Zwangseingewiesenen nach ihrer Entlassung gefährdet. Wie aus einem Bericht der geschlossenen Trinkerheilstätte Brauweiler für die Zeit von 1950 bis 1959 hervorgeht[6], hatte bereits ein Drittel aller eingewiesenen Trinker eine und 10 % bereits drei Entziehungskuren hinter sich. Wenn es sich auch dort um Personen gehandelt hat, bei denen starke Persönlichkeitsschäden und Verfallserscheinungen vorlagen und oft der geringste Heilungswille fehlte, so hätte auch hier eine intensivere nachgehende Fürsorge größere Schäden verhüten helfen können.

---

[6] Vgl. Beyer S. 21.

Kurve der Steigungsquotienten, abgetragen von der obigen Kurve der Rückfälligen

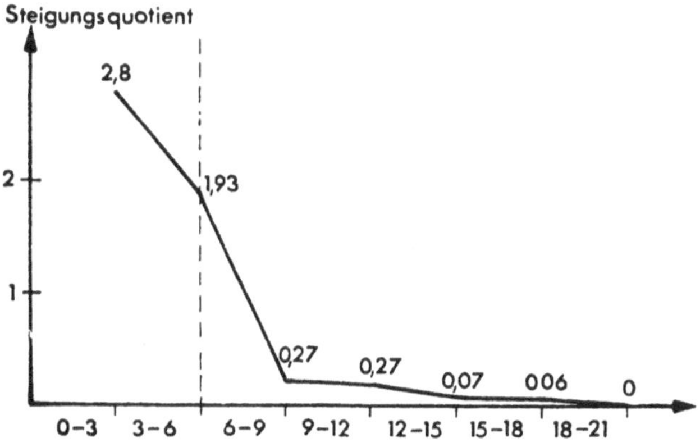

Insgesamt gesehen läßt sich hinsichtlich der Erfolge der Trinkerfürsorge sagen, daß sie einen beachtenswerten Beitrag zur Bekämpfung der Trunksucht leisten kann. Sie vermag insbesondere in der Heilstättenfürsorge gute Erfolge zu erzielen. Es lassen sich aber auch mit den Methoden der ambulanten Trinkerfürsorge Erfolge im Sinne einer sozialen Rehabilitierung erreichen. Auf Grund dieser Erfolge nimmt die Trinkerfürsorge innerhalb der Maßnahmen, die der Bekämpfung der Trunksucht gewidmet sind, durchaus einen wichtigen Platz ein.

Die Erfolge ließen sich dabei sicherlich noch verbessern, wenn es gelänge, die bei der praktischen Behandlungsdurchführung immer wieder auftauchenden, zahlreichen Schwierigkeiten und Probleme zu lösen, wenigstens aber zu vermindern. Diese führen nämlich teilweise zu einer starken Behinderung der Trinkerfürsorge. Um welche Probleme und Schwierigkeiten der praktischen Behandlungsdurchführung es sich dabei im einzelnen handelt, darüber ist in einem letzten Abschnitt noch kurz zu handeln.

Vierter Abschnitt

Erfahrungen und Probleme der Behandlungsdurchführung

Bei der praktischen Behandlungsdurchführung treten gewöhnlich bereits bei der Erfassung der trunksüchtigen Personen erste Schwierigkeiten insofern auf, als erfahrungsgemäß nur die wenigsten Trinker selbst zur Trinkerfürsorgestelle kommen[1] und von den anderen wenigen Trinkern, die aus eigenem Entschluß den Weg zur Fürsorgestelle finden, es oft fraglich bleibt, ob ein echter Wunsch nach Heilung vorliegt. Meist führen bei ihnen andere Gründe wie wirtschaftliche und soziale Notlage, die Einreichung der Ehescheidungsklage durch den Ehepartner sowie schwebende Ermittlungsverfahren wegen Trunksuchtsdelikte zur Fürsorge[2]. Die Trinkerfürsorgestellen erhalten in der Regel von Angehörigen nur in begrenztem Maße, dagegen von staatlichen Behörden und Einrichtungen sowie von anderen Wohlfahrtsorganisationen in größerem Umfange Nachricht vom Vorliegen eines Trunksuchtsfalles. Einen Einblick in diese Situation mag folgende Tabelle gewähren, die darüber Auskunft gibt, von welcher Seite in München der dortigen staatlichen Trinkerfürsorgestelle die einzelnen Trunksuchtsfälle gemeldet worden sind[3].

Hat die Trinkerfürsorge Kenntnis von einem Trunksuchtsfalle erlangt, ergeben sich im Bereich der ambulanten Trinkerfürsorge, aber auch für das Gebiet der stationären Trinkerfürsorge, häufig weitere Schwierigkeiten. So leisten viele Trinker den an sie ergehenden Aufforderungen, bei der Trinkerfürsorgestelle vorzusprechen, in der Regel zunächst keine Folge, so daß der Beginn einer Behandlung verzögert wird. Ein großer Teil der Trinker weigert sich ferner, wenn daraufhin der Trinkerfürsorger einen Hausbesuch macht, diesen in die Wohnung einzulassen und sich mit ihm zu unterhalten. Manche Trinker lehnen es weiter beharrlich ab, zu einer amtsärztlichen Untersuchung zu

---

[1] Vgl. dazu Class in MArbR 20, 1960, 21; Stürzebecher in SozArb 1963, 9; Thiken II S. 29.

[2] Vgl. Schröder S. 423.

[3] Das Zahlenmaterial hat der Verf. aus den ihm vom Gesundheitsamt der Stadt München übersandten Unterlagen entnommen.

Tabelle 8

Meldung der Trunksuchtsfälle bzw. der Fälle der Trunksuchtsgefährdung bei der staatlichen Trinkerfürsorgestelle der Stadt München

Jahr	Neu-zugänge	davon gemeldet durch Behörden	gemeldet von Angehörigen	Selbstmeldung durch den Trinker
1955	273[a)]	180	67	3
1956	275	193	59	5
1957	234	155	60	5
1958	151[b)]	93	41	3
1959	124	79	31	2
1960	121	69	39	c)
1961	122	94	20	
1962	132	103	23	

a) Die Zahlen für die Jahre 1955 bis 1957 umfassen sowohl Trinker als auch Trunksuchtsgefährdete.

b) Die Zahlen für die Jahre 1958 bis 1962 umfassen nur Trinker.

c) Für die Jahre 1960 bis 1962 waren die entsprechenden Zahlen dem Verf. nicht zugänglich.

kommen und an sich gegebenenfalls eine medikamentöse Behandlungskur durchführen zu lassen. Andere wiederum wenden sich energisch dagegen, daß die Trinkerfürsorge in ihre wirtschaftlichen, sozialen, beruflichen, finanziellen und familiären Angelegenheiten regelnd und führend eingreifen möchte. Da sich erfahrungsgemäß eine Heilung, zumindest eine soziale Rehabilitierung der Trinker nur erreichen läßt, wenn jene Maßnahmen einzeln oder nebeneinander durchgeführt werden können, erweisen sich in diesen Fällen Zwangsmaßnahmen milderer und härterer Art als notwendig. Das gilt umso mehr, als nur eine Minderheit der Trinker sich zu freier Mitarbeit zu den erforderlichen Maßnahmen gewinnen läßt.

Gleiches gilt für diejenigen Trunksuchtsfälle, bei denen auf Grund ihres fortgeschrittenen Stadiums von vornherein feststeht, daß sie sich für eine Behandlung in der ambulanten Trinkerfürsorge nicht mehr eignen und für die nur noch eine stationäre Behandlung in Frage kommt. Da es bei diesen Trinkern nicht immer gelingt, diese von der Notwendigkeit einer stationären Behandlung zu überzeugen, erweisen sich auch in diesen Fällen praktisch Zwangsmaßnahmen im Sinne einer zwangsweisen Unterbringung zum Zwecke einer zwangsmäßig durchgeführten Entziehungskur als notwendig.

Außer diesen eben geschilderten Schwierigkeiten ist noch auf ein weiteres Problem der praktischen Behandlungsdurchführung hinzuweisen: die finanzielle Sicherung der Behandlung des Trinkers sowie die finanzielle Sicherung der Familie des Trinkers während dessen Behandlung. Die Erfahrung zeigt immer wieder, daß die Sicherstellung der Kosten z. B. für einen Heilstättenaufenthalt insbesondere durch die häufige Weigerung der Krankenkassen, die Kosten dafür zu übernehmen, oft in Frage gestellt ist. Da aber gerade die Heilstättenbehandlung die meisten Erfolge erzielt, ist es dort erforderlich, daß die entsprechenden Kosten gedeckt sind. Darüber hinaus besteht die Notwendigkeit, daß die Kosten nicht nur für die eigentliche Heilbehandlung aufgebracht werden, sondern auch die Kosten für die unter Umständen notwendige wirtschaftliche Hilfe sichergestellt werden; denn in denjenigen Fällen in denen der trunksüchtige Familienvater oder die trunksüchtige Familienmutter eine Heilstättenbehandlung durchführen muß, ist während dieser Zeit eine wirtschaftliche Hilfe, insbesondere im Hinblick auf die Weiterführung des Haushalts etwa oder für den weiteren Unterhalt der Kinder, dringend erforderlich.

Damit sei unsere knappe Einführung in die soziale Problematik der Trunksucht, auf die hinsichtlich des Ziels der Arbeit einzugehen war, beendet. Wir konnten dabei erkennen, von welch großem Ausmaß die Auswirkungen der Trunksucht im sozialen Bereich sind, welche Möglichkeiten der Behandlung die Trinkerfürsorge bietet, welche Erfolge sich dabei erzielen lassen und welche Fragen und Probleme bei der praktischen Behandlungsdurchführung auftreten.

Die Trunksucht hat aber nicht nur soziale Probleme zur Folge, sie wirft auch, wie wir bereits bei der kurzen Erörterung der bei der praktischen Behandlungsdurchführung entstehenden Schwierigkeiten sahen, eine Vielzahl von Rechtsfragen auf, denen wir uns nunmehr im folgenden Hauptteil der Arbeit in größerem Umfange widmen wollen.

Zweiter Teil

Die Rechtsgrundlagen der Trinkerfürsorge

Wenn wir uns nunmehr der Erörterung der Rechtsgrundlagen der Trinkerfürsorge zuwenden wollen, so sind zunächst einige grundsätzliche Bemerkungen zum Begriff der Trinkerfürsorge einerseits sowie über die zu untersuchenden rechtlichen Grundfragen andererseits veranlaßt.

Erster Abschnitt

Grundsätzliches

A. Zum Begriff der Trinkerfürsorge

Der Begriff der Trinkerfürsorge ist im Gegensatz zu anderen Fürsorgegebieten im Bundessozialhilfegesetz weder näher erläutert noch überhaupt erwähnt. Es ist daher zu entfalten, was üblicherweise im Sozialrecht darunter verstanden wird. Es ist hierbei vom öffentlichen Fürsorgebegriff auszugehen, den das GG in Art. 74 Nr. 4 im Rahmen der Aufgabenverteilung zwischen Bund und Ländern in einem weitgespannten Sinne benutzt. Während der weitgehende Begriff der Wohlfahrtspflege alle planmäßigen Maßnahmen von Staat und Gesellschaft zugunsten schutz- und hilfsbedürftiger Personen umfaßt[1], ist der Begriff der Fürsorge enger. Fürsorge wird als Hilfe des Staates und der Gesellschaft nur denjenigen Personen gewährt, deren eigene Kräfte zusammen mit denen ihrer Familie und Drittverpflichteter nicht ausreichen[2]. Staatliche Fürsorge ist diejenige Hilfstätigkeit für Notleidende und Gefährdete, die gesetzlich geregelt ist und durch Organe der öffentlichen Verwaltung planmäßig ausgeübt wird[3]. Die staatliche Trinkerfürsorge ist lediglich ein Arbeitszweig im Rahmen der staatlichen

---

[1] Vgl. Keese II S. 11; Otto S. 1.

[2] Vgl. Keese II S. 12.

[3] Vgl. Otto S. 2; Weller S. 477.

Suchtkrankenfürsorge. Die private Trinkerfürsorge ist dagegen ein Arbeitsgebiet der privaten Wohlfahrtspflege. Staatliche und private Trinkerfürsorge unterscheiden sich somit nur durch die Person ihrer Trägerschaft, worauf im einzelnen noch näher einzugehen sein wird. Im folgenden wird daher unter Trinkerfürsorge sowohl die staatliche als auch die private verstanden.

B. Rechtliche Grundfragen

Da die Trinkerfürsorge dem Trinker und dessen Familie dabei helfen will, die Folgen der Trunksucht zu überwinden bzw. deren Eintritt zu verhüten, ist zunächst zu klären, welche rechtlichen Möglichkeiten sich eigentlich für eine derartige Hilfe bieten. So ist festzustellen, welche der verschiedenen Arten der Sozialhilfe für Trinker überhaupt in Betracht kommen und welche Rechte dabei dem Trinker auf Gewährung dieser verschiedenen Sozialhilfearten zustehen. Da Trinker in den seltensten Fällen Rechte auf Sozialhilfe selbst geltend machen, ist gleichzeitig zu prüfen, welche anderen Personen neben dem Trinker noch zur Ausübung und Geltendmachung bestehender Rechte befugt und verpflichtet sind.

Es ist ferner zu erörtern, ob und welche Rechtsfragen sich ergeben, wenn der Trinker Leistungen der Trinkerfürsorge freiwillig in Anspruch nimmt.

In einem neuen Abschnitt ist auf die verschiedenen Formen des Rechtszwanges im Bereich der Trinkerfürsorge einzugehen. Es sind Voraussetzungen und Umfang aller geltenden rechtlichen Möglichkeiten für eine Zwangsunterbringung von Trinkern zum Zwecke einer zwangsmäßigen Entziehungskur zu untersuchen. Es ist weiter zu fragen, ob und welche anderen Formen des Rechtszwanges es im Bereich der Trinkerfürsorge gibt. Wir hatten bereits bei der kurzen Skizzierung der Schwierigkeiten, die bei der praktischen Behandlungsdurchführung immer wieder auftreten, Gelegenheit zu sehen, daß sich auch in der ambulanten staatlichen Trinkerfürsorge eine Reihe von Zwangsmaßnahmen als notwendig erweisen. Inwiefern diese Art Zwangsmaßnahmen tatsächlich bereits geübt werden, wie diese rechtlich zu beurteilen sind und welche Rechtsgrundlagen dafür vorhanden sind, darauf ist in diesem Zusammenhang einzugehen.

Schließlich sind in einem letzten Abschnitt die bestehenden positivrechtlichen Möglichkeiten für Zwangsunterbringungen zum Zwecke einer Entziehungskur einer kritischen Untersuchung zu unterziehen. Es ist dort zu klären, in welchem Verhältnis die bestehenden Zwangsunterbringungsmöglichkeiten rechtlich zueinander stehen. Es ist dann die Frage zu stellen, ob und gegebenenfalls aus welchen Gründen sich solche Zwangsunterbringungsmaßnahmen überhaupt rechtfertigen lassen und wo, wenn sich Beschränkungen der Rechte in gewissen Fällen als gerechtfertigt herausstellen sollten, die Voraussetzungen und Grenzen einer solchen Beschränkung liegen. Danach ist zu untersuchen, ob diese Grenzen in den bestehenden Regelungen gewahrt sind oder ob Mängel rechtlicher Art festzustellen sind.

Doch bevor wir uns diesen Fragen zuwenden wollen, müssen wir uns zuerst Klarheit darüber verschaffen, wer denn im Rechtssinne Träger der Trinkerfürsorge ist; denn von den Trägern geht die Hilfe für die Trinker aus, an diese muß sich der Trinker oder gegebenenfalls der an dessen Stelle Verpflichtete wenden. Wir behandeln daher vorweg in einem eigenen Abschnitt die Frage der Trägerschaft der Trinkerfürsorge.

Zweiter Abschnitt

Die Träger der Trinkerfürsorge

A. Zum Rechtsbegriff der Trägerschaft

Wenn nach dem Begriff der Trägerschaft im Rechtssinne gefragt ist, so ist nicht nach den Stellen gefragt, die die Trinkerfürsorgearbeit tatsächlich durchführen, sondern danach, wer die Aufgabe der Trunksuchtsbekämpfung rechtlich zu erfüllen hat, wer zur Erfüllung dieser Aufgaben Einrichtungen schaffen muß, wer in diesem Sachbereich „Zurechnungs- und Zuordnungssubjekt von Rechtssätzen"[1], wer Träger aller Rechte und Pflichten ist, die aus dem Wirkungskreis der Trinkerfürsorge entstehen. Im Bereich der öffentlichen Verwaltung sind die Träger in rechtstechnischem Sinne diejenigen juristisch personifizierten Gemeinwesen, soweit sie öffentliche Angelegenheiten wahrnehmen[2]. Auf die staatliche Trinkerfürsorge bezogen sind das diejenigen Gemeinwesen, denen kraft Gesetzes die öffentlich-rechtliche Pflicht der Trunksuchtsbekämpfung obliegt, die mit den Mitteln öffentlicher Verwaltung die Aufgaben der Trinkerfürsorge durchführen, die zur Durchführung dieser Aufgaben die erforderlichen Behörden bilden und die die erforderlichen Mittel sowohl finanzieller wie persönlicher Art schaffen[3]. Im Bereich der privaten Trinkerfürsorge sind die Träger die einzelnen Verbände und Organisationen, die die Trunksuchtsbekämpfung zu ihren Aufgaben erklärt haben.

B. Die Träger der staatlichen Trinkerfürsorge

Die Träger der staatlichen Trinkerfürsorge sind, da die staatliche Trinkerfürsorge lediglich ein Arbeitszweig der allgemeinen Fürsorge ist, mit den Trägern der allgemeinen Fürsorge, den Trägern der Sozialhilfe, identisch. Es finden daher die allgemeinen Bestimmungen des BSHG Anwendung, das in seinem Abschnitt 8 unter der Überschrift

---

[1] Vgl. Wolff S. 24.
[2] Vgl. Wolff S. 21.
[3] Vgl. Muthesius S. 7.

„Träger der Sozialhilfe" diejenigen Vorschriften zusammenfaßt, die die Bestimmung der örtlichen und überörtlichen Träger einschließlich der Heranziehung anderer staatlicher Träger zu den Aufgaben der an sich zuständigen Träger der Sozialhilfe sowie die Regelung der örtlichen und sachlichen Zuständigkeit zum Gegenstand haben[1].

I. Örtliche und überörtliche Träger

Im Unterschied zur Sozialversicherung, deren Träger zumeist einheitliche und finanzkräftige Körperschaften des öffentlichen Rechts sind und deren Aufwendungen in erster Linie durch Leistungen der Versicherten und der Arbeitgeber selbst aufgebracht werden, wird Sozialhilfe gemäß § 9 BSHG von örtlichen und überörtlichen Trägern gewährt. Örtliche Träger sind dabei nach § 96 Abs. 1 BSHG die kreisfreien Städte und die Landkreise, die die Sozialhilfe als Selbstverwaltungsangelegenheit durchführen[2]. Bei der Durchführung dieser zur eigenverantwortlichen Erledigung übertragenen Pflichtaufgaben[3] üben die Aufsichtsbehörden keine Fachaufsicht aus und haben kein fachliches Weisungsrecht. Die Kommunalaufsicht beschränkt sich lediglich auf die Überwachung der Gesetzmäßigkeit der Verwaltung[4]. Wer überörtlicher Träger ist, bestimmen nach § 96 Abs. 2 Satz 1 BSHG die Länder durch Ausführungsgesetze. Für Schleswig-Holstein ist ein solches Ausführungsgesetz ergangen[5]. Es sieht in seinem § 2 vor, daß überörtlicher Träger das Land Schleswig-Holstein ist.

II. Örtliche und sachliche Zuständigkeit

Die örtliche Zuständigkeit ist nach dem Aufenthaltsprinzip geregelt. § 97 BSHG bestimmt, daß in den Fällen, in denen der örtliche Träger Hilfe gewähren soll, grundsätzlich derjenige Träger örtlich zuständig ist, in dessen Bereich sich der Hilfesuchende aufhält. Dabei ist es für die Feststellung der örtlichen Zuständigkeit unerheblich, unter welchen Umständen und aus welchen Gründen sich der hilfesuchende Trinker in dem jeweiligen Bereich aufhält[6]. Ein „tatsächlicher Aufenthalt" liegt allerdings nicht schon dann vor, wenn es sich um ein flüchtiges Pas-

---

[1] Vgl. Gottschick I Vorbem. zu § 96.

[2] Die örtlichen Träger treten damit an die Stelle der bisherigen Bezirksfürsorgeverbände, die nach § 4 RFV Körperschaften des öffentlichen Rechts waren.

[3] Vgl. Mergler Anm. 1 zu § 96.

[4] Vgl. Knopp-Biederbick Anm. 3 zu § 96; Mergler Anm. 1 zu § 96.

[5] Gesetz zur Ausführung des BSHG vom 6. 7. 1962 (GVBl Nr. 29, S. 271).

[6] Vgl. Knopp-Biederbick Anm. 2 zu § 97.

sieren eines Ortes handelt[7]. Vielmehr ist mehr als eine rein zufällig physische Verbindung mit dem Ort erforderlich[8].

Sachlich zuständig ist nach § 99 BSHG grundsätzlich der örtliche Träger, sofern es sich nicht um eine anstaltsmäßig zu gewährende Hilfe handelt, für die nach § 100 BSHG die sachliche Zuständigkeit des überörtlichen Trägers begründet ist. Auf die Trinker bezogen bedeutet diese Regelung, daß die Landkreise und die kreisfreien Städte die ambulante Trinkerfürsorge und die überörtlichen Träger, in Schleswig-Holstein, also das Land selbst, die anstaltsmäßige Trinkerfürsorge durchzuführen haben. Die Verteilung der sachlichen Zuständigkeit folgt damit dem Gesichtspunkt, daß Aufgaben mit überörtlicher Bedeutung und besonders großem Kostenaufwand dem überörtlichen Träger zugewiesen sind, während alle anderen Fälle — und das sind die weitaus überwiegenden — in den Bereich des örtlichen Trägers fallen[9]. Da die die örtlichen Träger bildenden Gemeinwesen ihre räumliche Gestalt vielfach unter ganz anderen wirtschaftlichen Verhältnissen erhalten haben, sind ihre Größe und Leistungskraft oft sehr verschieden[10].

III. Die Heranziehung anderer Träger

Die Trägerschaft im BSHG ist ferner dadurch gekennzeichnet, daß die im einzelnen örtlich und sachlich zuständigen Träger zur Durchführung ihrer Aufgaben andere staatliche Träger sowie die private Trinkerfürsorge heranziehen können.

1. Die Heranziehung anderer staatlicher Träger

Nach § 96 Abs. 1 Satz 3 BSHG können die Landkreise als örtliche Träger ihre kreisangehörigen Gemeinden oder Gemeindeverbände[11] zur Mitwirkung bei der Durchführung der ihnen obliegenden Aufgaben unter Weisungsbefugnis heranziehen. Das entspricht den Erfordernissen der Praxis; denn wie auf der einen Seite die Durchführung der umfassenden Aufgaben auch auf der örtlichen Ebene einen Träger verlangt, dessen wirtschaftliche Leistungsfähigkeit und Verwaltungskraft den Aufgaben gewachsen sein müssen, so kann andererseits auf die ortsnahe Mitwirkung der Gemeinden oder der Gemeindeverbände nicht verzichtet werden. Die Landkreise können selbst da-

---

[7] Vgl. Eug 9, 304.

[8] Vgl. Eug 3, 312.

[9] Vgl. Knopp-Biederbick Anm. 1 zu § 99.

[10] Vgl. Weller S. 480 f.

[11] Für Schleswig-Holstein kommen die Ämter in Betracht.

rüber entscheiden, ob und in welchem Umfange sie ihnen zugehörige Gemeinden oder Gemeindeverbände heranziehen wollen. Die Länder können es ihnen nicht vorschreiben. Allerdings haben die Landkreise dieses Recht erst auf Grund landesrechtlicher Durchführungsvorschriften, die eine grundsätzliche Ermächtigung der Landkreise des Inhalts enthalten müssen, daß die Kreise durch Satzungen entsprechende Bestimmungen treffen können[12].

In gleicher Weise wie die örtlichen Träger Gemeinden bzw. Gemeindeverbände heranziehen können, können auch die Länder bestimmen, daß und inwieweit die überörtlichen Träger örtliche Träger wiederum zur Durchführung von Sozialhilfeaufgaben unter Weisungsbefugnis heranziehen können, § 96 Abs. 2 Satz 2 BSHG. Eine unmittelbare Heranziehung kreisangehöriger Gemeinden bzw. Gemeindeverbände durch den überörtlichen Träger ist dagegen nicht vorgesehen[13].

Rechtlich gesehen handelt es sich in beiden Fällen der Heranziehung anderer Träger nicht um eine echte Delegation[14] mit Kompetenzverlust etwa des Landkreises oder des überörtlichen Trägers, sondern um ein öffentlich-rechtliches Mandat besonderer Art ohne Veränderung der sachlichen Zuständigkeit mit Weisungsbefugnis sowohl allgemeiner Art wie für den Einzelfall. Da die Aufgaben selbst nicht übertragen werden, vielmehr die anderen Träger nur zur Durchführung herangezogen werden, bleiben sowohl die Trägerschaft der Landkreise wie die der überörtlichen Träger sowie deren Verantwortung unberührt[15]. Die allgemeine Fassung des § 96 Abs. 1 Satz 3 und Abs. 2 Satz 2 BSHG läßt es zu, daß entsprechend der zu Grunde liegenden Beauftragung die herangezogenen kreisangehörigen Gemeinden über eine bloße Mithilfe hinaus entweder wie bei einem Mandatsverhältnis im Namen des Landkreises als des zuständigen örtlichen Trägers etwa oder aber auch in eigenem Namen Entscheidungen durch Verwaltungsakte treffen können. In solchen Fällen hat nach dem letzten Halbsatz des § 96 Abs. 1 und 2 BSHG jeweils der Landkreis oder der überörtliche Träger den Widerspruchsbescheid nach § 73 VwGO zu erlassen. Damit ist sichergestellt, daß im Vorverfahren der Träger der Sozialhilfe in der Sache selbst entscheidet, auch wenn die zur Durchführung herangezogenen

---

[12] Vgl. Gottschick I Anm. 3 und 4 zu § 96; Mergler Anm. 2 zu § 96.

[13] Vgl. Gottschick I Anm. 8 zu § 96.

[14] Vgl. zum Unterschied des öffentlich-rechtlichen Delegationsbegriffs von dem des öffentlich-rechtlichen Mandats insbes. Forsthoff S. 395; Ipsen S. 141 ff.; Klein I S. 381; Peters, Hans, S. 53 ff.; Triepel S. 1 ff.; v. Turegg-Kraus S. 117 ff.

[15] So auch Jehle, Vorbem. zu Abschn. 8 des BSHG, Anm. 1 c; Gottschick I Anm. 5 zu § 96; a. A. offenbar Mergler Anm. 2 zu § 96.

Stellen die Entscheidung, gegen die sich der Widerspruch richtet, in eigenem Namen getroffen haben[16].

Neben diesen Möglichkeiten der Heranziehung anderer Träger bleiben die allgemeinen Bestimmungen der Amtshilfe unberührt. In Präzisierung des Art. 35 GG, nach dem sich alle Behörden der Länder gegenseitig Rechts- und Amtshilfe zu leisten haben, bestimmt § 117 BSHG für den Bereich der Sozialhilfe und damit auch für den Bereich der staatlichen Trinkerfürsorge ausdrücklich, daß auf Ersuchen der Träger der Sozialhilfe die anderen Verwaltungsbehörden verpflichtet sind, Amtshilfe zu leisten.

2. Die Heranziehung der privaten Trinkerfürsorge

Neben staatlichen Trägern können auch die der privaten Trinkerfürsorge zur Aufgabendurchführung der staatlichen Trinkerfürsorge herangezogen werden. Rechtsgrundlage dafür ist § 10 Abs. 5 BSHG. Dort heißt es: „Die Träger der Sozialhilfe können allgemein an der Durchführung ihrer Aufgaben nach diesem Gesetz die Verbände der freien Wohlfahrtspflege beteiligen oder ihnen die Durchführung solcher Aufgaben übertragen, wenn die Verbände mit einer Beteiligung oder Übertragung einverstanden sind. Die Träger der Sozialhilfe bleiben dem Hilfesuchenden gegenüber verantwortlich." Voraussetzung für eine Beteiligung der privaten Trinkerfürsorge ist danach, daß die Verbände der privaten Trinkerfürsorge mit einer Beteiligung oder Beauftragung einverstanden sind.

Die Übertragung bzw. Beteiligung nach § 10 Abs. 5 BSHG ist wie die Heranziehung anderer staatlicher Träger rechtlich als öffentlichrechtliches Mandat anzusehen[17]. Dafür spricht insbesondere, daß die staatlichen Träger der Trinkerfürsorge nur die Durchführung der Sozialhilfe übertragen können, sie somit Träger der Aufgaben bleiben[18]. Während die tatsächliche Durchführung der Fürsorge dem privaten Träger obliegt, bleiben die staatlichen Träger der Trinkerfürsorge dem Trinker rechtlich verantwortlich. Im Streitfall muß daher dieser eine Klage gegen den staatlichen Träger richten[19]. Über die Ausgestaltung des Innenverhältnisses enthält § 10 Abs. 5 BSHG keine Bestimmung. Man wird jedoch davon ausgehen können, daß die §§ 662 ff.

---

[16] Vgl. Jehle, Vorbem. zu Abschn. 8 des BSHG, Anm. 1 c; Gottschick I Anm. 6 zu § 96; Knopp-Biederbick Anm. 4 zu § 96.

[17] Vgl. Klein I S. 381.

[18] Vgl. Gottschick I Anm. 7 zu § 10.

[19] Vgl. Collmer in NDV 1960, 374; Gottschick I Anm. 7 zu § 10; Knopp-Biederbick Anm. 8 zu § 10; Oestreicher Anm. 18 zu § 10.

BGB entsprechend anzuwenden sind[20]. Rechtsfragen, die das Innenverhältnis betreffen, sind von hier aus zu lösen. Da die freien Verbände der Wohlfahrtspflege keinerlei Hoheitstätigkeit entfalten können, üben sie im Falle einer Übertragung lediglich „freie Gesellschaftsfunktion“ aus[21]. Gegenstand der Übertragung bzw. Beteiligung kann grundsätzlich die völlige Überstellung eines Arbeitsgebietes in seiner Gesamtheit sein, es kann sich aber auch um eine Übertragung eines Einzelfalles handeln. Jede Variation erscheint möglich[22].

IV. Die Behörden der staatlichen Trinkerfürsorge

Von den öffentlich-rechtlichen Trägern der Trinkerfürsorge sind die Dienststellen und Behörden zu unterscheiden, die mit der praktischen Durchführung der Trinkerfürsorge betraut sind. Sie führen oftmals voneinander abweichende Bezeichnungen. Diese Verschiedenheit ist durch die selbständige Organisationsgewalt der Länder sowie der Kommunen bedingt[23]. Während im Bereich des überörtlichen Trägers die Trinkerfürsorgeaufgaben von der zuständigen Behörde — in Schleswig-Holstein ist das „Landessozialamt Schleswig-Holstein beim Minister für Arbeit, Soziales und Vertriebene“ zuständig — wahrgenommen werden, wird auf dem Gebiet des örtlichen Trägers die Trinkerfürsorge in der Regel von den Gesundheitsämtern der Städte und Kreise durchgeführt[24]. Rechtsgrundlage dafür ist sowohl § 3 des Gesetzes zur Vereinheitlichung des Gesundheitswesens vom 3. 7. 1934[25] wonach die Süchtigenfürsorge den Gesundheitsämtern übertragen ist, als auch § 64 der 3. Durchführungsverordnung zu dem eben genannten Gesetz[26], der die Gesundheitsämter anhält, dem Mißbrauch von Alkohol ihre Aufmerksamkeit zuzuwenden und gegebenenfalls Beratungsstellen für Alkoholkranke und deren Familien einzurichten. Auch aus anderen Bestimmungen[27] wird deutlich, daß die Bekämpfung und Verhütung der Trunksucht Aufgabe der Gesundheitsämter sein sollen. Gewöhnlich sind in den Gesundheitsämtern Trinkerfürsorgestellen einrichtet, die üblicherweise ein eigenes Dezernat bilden[28]. Die Trinkerfürsorge wird jedoch leider nur in wenigen Fällen von mehreren hauptamtlichen Für-

---

[20] Vgl. Knopp-Biederbick Anm. 8 zu § 10; v. Turegg-Kraus S. 118.

[21] Vgl. Klein I S. 381.

[22] Vgl. Keese I Anm. 6 zu § 10; Schellhorn-Jirasek-Seipp S. 31.

[23] Vgl. Weller S. 480 f.

[24] Vgl. Schröder S. 424; ders. in SuchtG 1962, 4, 2.

[25] RGBl I S. 531.

[26] 3. DVO vom 30. 3. 1935.

[27] Vgl. z. B. § 4 Ziff. 1, 12 und 13 der 1. DVO vom 6. 2. 1935.

[28] In Großstädten wie Berlin wird die Trinkerfürsorge bei den Beratungsstellen für Nerven- und Gemütskranke durchgeführt.

sorgern durchgeführt. Da die Fürsorgestatistik über eingesetzte Arbeitskräfte und Hilfsapparat nur für den Gesamtbereich der Suchtkrankenfürsorge berichtet[29], ist nicht nachprüfbar, wieviele fürsorgerische Kräfte allein auf dem Gebiet der staatlichen Trinkerfürsorge tätig sind.

C. Die Träger der privaten Trinkerfürsorge

Neben den staatlichen Trägern wird die Trinkerfürsorge von außerstaatlichen Trägern wie Kirchen und anderen Verbänden der freien Wohlfahrtspflege durchgeführt. Sie leisten die Trinkerfürsorgearbeit aus der gemeinschaftlichen Verpflichtung ihrer Gruppen für alle Glieder der Gesellschaft[1].

I. Rechtsformen und Rechtsstellung der Träger der privaten Trinkerfürsorge im allgemeinen

Die Organisations- und Rechtsform der einzelnen Verbände wird jeweils dadurch bestimmt, mit welchen Mitteln und mit welchen Kräften die Durchführung der Aufgaben bewältigt werden soll. Geht es darum, mit der Organisation das personale Element, die Tätigkeit einer bestimmten Gruppe in eine Ordnung zu bringen, wird diejenige Rechtsform gewählt, die das personale Element auch wirklich durchdringen läßt. Anders wird bei der Errichtung einer Anstalt oder sonstigen Einrichtung verfahren, die die Bereitstellung wirtschaftlicher Mittel erfordert[2]. In den meisten Fällen haben die Verbände die Rechtsform eines eingetragenen Vereins, besonders wenn die Unterhaltung von Einrichtungen dies erforderlich macht. In ihm ist es möglich, das persönliche Wirken möglichst vieler Helfer zu planvoller Zusammenarbeit zu vereinen, ganz gleich, ob es sich dabei um finanzielle Unterstützung der Arbeit durch Vereinsbeiträge oder um persönliche Mitarbeit handelt. Das Organisationsproblem aller Fürsorge, den persönlichen Hingabecharakter mit der sachlich-zweckmäßigen Zusammenfassung der Kräfte zu verbinden, ist auf dem Boden der privaten Initiative in der Rechtsform eines eingetragenen bürgerlich-rechtlichen Vereins leichter lösbar als im Bereich der staatlichen Trinkerfürsorge[3]. Da die einzelnen Rechtsträger oft nur eine Koordinierung der Aufgaben und Funktionen erreichen wollen, kommt es häufig zur Bildung

---

[29] Vgl. Statistisches Jahrbuch Deutscher Gemeinden, herausgegeben vom Deutschen Städtetag, 1960, S. 451 ff.

[1] Vgl. Collmer in NDV 1960, 373.

[2] Vgl. Klein II S. 25 ff.

[3] Vgl. Scherpener S. 178.

von Arbeitsgemeinschaften, die rechtlich oft nur den Status einer bürgerlich-rechtlichen Gesellschaft haben, die aber auch die Rechtsform eines nichtrechtsfähigen Vereins haben können[4]. Kommt es zur Bildung von Vermögen, genügt diese Form nicht mehr. Die Arbeitsgemeinschaften haben dann meistens auch die Rechtsform eines eingetragenen Vereins.

Die Rechtsstellung der Kirchen bestimmt sich nach Art. 140 ff. GG und die Art. 136 ff. WRV. Danach haben sowohl die evangelische als auch die katholische Kirche in Deutschland den Status einer Körperschaft des öffentlichen Rechts[5]. Die Kirchen haben das Recht, ihre Angelegenheiten selbständig innerhalb der Schranken des für alle geltenden Gesetzes zu regeln und zu verwalten. In diesem Rahmen betreiben sie auch die Wohlfahrtspflege, deren Teil die Trinkerfürsorge ist.

II. Die einzelnen Träger

Im einzelnen gibt es neben den Kirchen noch folgende Träger, die zu ihren Aufgaben die Bekämpfung der Trunksucht gemacht haben.

1. Verbände

Von den Verbänden der freien Wohlfahrtspflege, die sich der Trinkerfürsorge widmen, sind am längsten auf dem Gebiet der Trinkerfürsorge die Verbände des Blauen Kreuzes und die Innere Mission tätig. Während das Blaue Kreuz als eingetragener Verein tätig ist, ist die Innere Mission ein „Werk“[6] der Evangelischen Kirche in Deutschland. In Zusammenarbeit leisten beide die Hauptarbeit auf dem Gebiet der Heilstättenfürsorge. Von 11 offenen Heilstätten im Bundesgebiet werden allein 8 von der Inneren Mission in Zusammenarbeit mit dem Blauen Kreuz getragen. 1955 bestanden im Bundesgebiet 239 Blaukreuzvereine mit 7500 Mitgliedern, davon 3000 Helfer; 22 hauptamtliche Trinkerfürsorger arbeiteten auf 30 selbständigen Fürsorgestellen sowie auf 702 Beratungsstellen[7].

Ein weiterer wichtiger privater Träger ist der Internationale Guttemplerorden in Deutschland, eine Vereinigung zur Bekämpfung der Trunksucht auf humanitärer Grundlage. Er hat ebenfalls die Rechts-

---

[4] Vgl. Klein II S. 93.

[5] Vgl. Zur Rechtsstellung der Kirchen v. Mangoldt a. a. O., S. 660; Klein II S. 45; Schröer in JZ 1958, 423.

[6] Vgl. dazu Erik Wolf: Ordnung der Kirche, Lehr- und Handbuch des Kirchenrechts auf ökumenischer Basis, 1961, S. 731.

[7] Vgl. IM 1955, 215.

form eines eingetragenen Vereins. Der Schwerpunkt der Tätigkeit dieser Organisation liegt auf dem Gebiet der ambulanten Trinkerfürsorge. 1962 betrug die Mitgliederzahl ca. 15 000, darunter 4000 Helfer[8]. Der Guttemplerorden verfügte 1961 über 609 Beratungsstellen[9].

Schließlich seien als Träger der Kreuzbund und der Caritasverband genannt; beide erstreben auf der religiös-caritativen Grundlage der katholischen Kirche eine fürsorgerische Tätigkeit für Trinker und ihre Familien.

Außer diesen großen Trägern gibt es noch eine Reihe kleinerer Verbände der privaten Trinkerfürsorge. Ihr Beitrag zur Bekämpfung der Trunksucht ist allerdings gering.

2. *Arbeitsgemeinschaften*

Zu den Trägern der privaten Trinkerfürsorge zählen auch die Arbeitsgemeinschaften, die die verschiedenen einzelnen Träger bilden. Aufgabe dieser Arbeitsgemeinschaften ist es, im Rahmen der Trunksuchtsbekämpfung diejenigen Maßnahmen durchzuführen, die von den angeschlossenen Verbänden nicht selbst erfüllt werden können. Ihnen obliegt es insbesondere, durch Koordination der einzelnen Verbände eine planmäßige Zusammenarbeit aller herbeizuführen. So haben sich das Blaue Kreuz, die Innere Mission und der Ausschuß für Enthaltsamkeit und Volkswohlfahrt der Methodistenkirche in der Evangelischen Arbeitsgemeinschaft zur Bekämpfung der Suchtgefahren in der Rechtsform eines eingetragenen Vereins zusammengeschlossen. Die katholischen Verbände arbeiten in der „Katholischen Arbeitsgemeinschaft gegen Suchtgefahren“ zusammen. Wie aus dem Jahresbericht dieser Arbeitsgemeinschaft hervorgeht[10], arbeiteten 25 neben-, 8 ehrenamtliche Fürsorgekräfte sowie 1250 Helfer auf 110 Beratungs- und Fürsorgestellen.

Neben beiden konfessionell gebundenen Arbeitsgemeinschaften bedarf die „Deutsche Hauptstelle gegen die Suchtgefahren“[11] einer besonderen Heraushebung. Ihr gehören außer den in den konfessionellen Arbeitsgemeinschaften erfaßten Verbänden neutrale Verbände wie der Guttemplerorden, der Deutsche Trinkerheilstättenverband sowie diejenigen staatlichen Behörden an, zu deren Arbeitsgebiet die Suchtbe-

---

[8] Die Zahlen sind dem Verf. vom Ordenssekretär mitgeteilt worden.

[9] Die Zahlen sind dem Jahresbericht für 1961 entnommen worden, a. a. O., S. 33 f.

[10] Vgl. SozArb 1963, 37.

[11] Sie ist als Nachfolgeorganisation der am 3. Juni 1921 gegründeten Deutschen Reichshauptstelle gegen den Alkoholismus geschaffen worden.

kämpfung gehört. In den einzelnen Ländern unterhält die Deutsche Hauptstelle gegen die Suchtgefahren Landesstellen, die die Rechtsform eines eingetragenen Vereins in der Regel haben und die die Zusammenarbeit der staatlichen mit der privaten Trinkerfürsorge in den einzelnen Bundesländern fördern sollen.

Insgesamt gesehen spiegelt sich in der Vielzahl der staatlichen und privaten Träger die pluralistische Struktur unserer Gesellschaft wider. In Erkenntnis dieser Situation hat sich der Gesetzgeber veranlaßt gesehen zu regeln, daß beide Träger Hilfe gewähren sollen. Das läßt sich in der Praxis nur erreichen, wenn die Zusammenarbeit beider Träger auf der Grundlage der gegenseitigen Anerkennung, der Gleichwertigkeit der Aufgaben und im Geiste eines echten Partnerverhältnisses geschieht[12]. Wenn danach gewöhnlich der Trinker sowohl von der staatlichen als auch von der privaten Trinkerfürsorge mit einer Hilfegewährung rechnen kann, so ist dennoch darauf hinzuweisen, daß der privaten Trinkerfürsorge kein Fall zur Betreuung aufgezwungen werden kann, da diese zu einer Hilfe rechtlich nicht verpflichtet ist. Das ist in der Praxis dann bedeutsam, wenn die Hilfe zum Teil mit großen Kosten wie im Falle einer anstaltsmäßigen Behandlung verbunden ist oder es sich um Fälle handelt, bei denen wegen besonders schwerer Pflegefähigkeit oder mangelnder Pflegewilligkeit seitens eines Trinkers ein Verband der freien Trinkerfürsorge eine Betreuung ablehnt. In einem solchen Falle bleibt dann nach wie vor die staatliche Trinkerfürsorge, die im Gegensatz zur privaten Fürsorge, der infolge Fehlens von Plätzen aus Unvermögen zur Leistung ein Leistungsverweigerungsrecht zur Seite stehen kann[13], ein solches Recht nicht geltend machen kann[14]. Es ist daher sehr wichtig zu wissen, unter welchen Voraussetzungen und in welchem Umfange die Träger der staatlichen Trinkerfürsorge zur Hilfe verpflichtet sind. Wir werden daher prüfen müssen, welche verschiedenen Arten der Sozialhilfe überhaupt für Trinker in Betracht kommen, welche Rechte der Trinker und die zur Ausübung bestehender Rechte Verpflichteten haben und welche Rechtsfragen durch die freiwillige Inanspruchnahme der Sozialhilfe sowie der Hilfe der privaten Trinkerfürsorge auftreten. Wir werden uns diesem Fragenkreis in einem weiteren Abschnitt widmen.

---

[12] Vgl. Collmer in NDV 1960, 373; Keese I Anm. 3 zu § 10.

[13] Vgl. Klein I S. 382.

[14] Vgl. Klein I S. 380.

Dritter Abschnitt

Die für Trinker in Betracht kommenden Sozialhilfearten sowie die durch die freiwillige Inanspruchnahme der Hilfe der staatlichen und der privaten Trinkerfürsorge entstehenden Rechtsfragen

A. Die für Trinker in Betracht kommenden Sozialhilfearten

Wenn wir uns der freiwilligen Inanspruchnahme der Trinkerfürsorge zuwenden, insbesondere dabei prüfen wollen, welche Arten der Sozialhilfe für Trinker in Betracht kommen, so ist zuvor klarzustellen, wer zur Geltendmachung etwa bestehender Rechte auf Gewährung der verschiedenen Sozialhilfearten überhaupt berechtigt und verpflichtet ist.

I. Die zur Ausübung der Rechte auf Sozialhilfeleistungen Verpflichteten

Für die Stellung dieser Frage mag keine Veranlassung sein, wie man auf den ersten Blick meinen könnte; denn für etwaige Rechte auf Sozialhilfeleistungen kommt ja eigentlich nur der Trinker selbst in Betracht. Er allein ist der Hilfsbedürftige, und ihm allein werden die erforderlichen Sozialhilfeleistungen gewährt. Diese Betrachtungsweise ist insofern richtig, als der Trinker tatsächlich als hilflose Person der Alleinbedürftige ist. Sie übersieht jedoch, daß der Trinker gewöhnlich nicht auch der Hilfesuchende ist. Mag der Trinker eine Vielzahl von Rechten haben, nur ein Teil — und das ist der geringere — macht erfahrungsgemäß von den Rechten Gebrauch. Dieser Umstand ist geradezu typisch für die Trunksucht. Es ist daher durchaus berechtigt und notwendig zu fragen, wer neben dem Trinker berechtigt und verpflichtet ist, im Sinne der Hilfegewährung tätig zu werden.

In Frage kommt zunächst der Vormund eines entmündigten Trinkers. Ihm obliegt nach § 1896 BGB neben der Vermögensfürsorge die Sorge für die Person des Trinkers. Im Rahmen dieser Pflicht zur Personenfürsorge hat der Vormund auch die Pflicht, um die Gesundheit seines

Mündels besorgt zu sein. Er hat alles zu veranlassen, um seinen trunksüchtigen Mündel von der Trunksucht heilen zu lassen. Diese aus der Personenfürsorgepflicht herzuleitende Pflicht beinhaltet, daß der Vormund zur Erreichung des Zieles alle gesetzlich gegebenen Möglichkeiten der Hilfe im Namen des Trinkers geltend macht, der nach § 114 BGB in seiner Geschäftsfähigkeit in der Weise beschränkt ist, daß er einem Minderjährigen über sieben Jahre gleichgestellt ist.

Neben dem Vormund trifft ferner die staatlichen Träger der Trinkerfürsorge die Pflicht, im öffentlichen Interesse tätig zu werden und nach Kenntnisnahme von einem Trunksuchtsfall die erforderlichen Hilfeleistungen zu gewähren. Diese Verpflichtung der staatlichen Träger beruht auf sittlichen und rechtlichen Gründen. Die Aufgabe des Staates besteht heute nicht mehr allein darin, die Ordnung des Zusammenlebens mit objektiver Gültigkeit rechtsverbindlich festzustellen und den einzelnen Staatsbürgern entsprechende Pflichten aufzuerlegen, sondern der Staat hat die Erfüllung der Lebensaufgaben seiner Staatsbürger zu fördern und zu diesem Zweck sich selbst Pflichten auferlegt, da er nicht um seiner selbst willen da ist, sondern um der Angehörigen willen, die ihn bilden[1]. Das Bundesverwaltungsgericht hat sich bei der Entscheidung der Frage, ob dem Hilfsbedürftigen ein Rechtsanspruch auf Hilfe zusteht, in gleicher Weise geäußert[2]. Der Staat tritt daher nicht nur für die Fälle der sozialen Erkrankung ein, die er selbst verschuldet hat, sondern im Wege der Daseinsvorsorge auch für die der Einzelbedürftigkeit. Inwieweit im einzelnen dabei auch strittig sein mag[3], ob sich diese Pflicht aus Art. 1 sowie aus den Sozialstaatsregelungen der Art. 20 und 28 GG herleiten läßt, unbestritten ist, daß wenigstens aus ihrem Sinnzusammenhang heraus dem Staat die Verpflichtung erwächst, sich derjenigen Menschen anzunehmen, die wegen ihrer besonderen sozialen Lage der Hilfe der Allgemeinheit bedürfen[4]. Das gilt in besonderem Maße auch für Trinker. Die Pflicht des Staates zur Hilfe wird sogar als so weitgehend verstanden, daß selbst dann, wenn der Hilfsbedürftige die Annahme einer zumutbaren Arbeit verweigert, die Unterstützung grundsätzlich nicht völlig eingestellt werden darf[5].

So gesehen sind daher neben dem Trinker sowohl der Vormund als auch der Staat selbst berechtigt und verpflichtet, die Gewährung der

---

1 So schon Bitzer: Recht auf Armenunterstützung und Freizügigkeit, 1863, zitiert nach Breithaupt S. 10; vgl. ferner diesen S. 12.

2 Vgl. BVerwGE 1, 161.

3 Vgl. Löw in DÖV 1958, 520; Maunz-Dürig Anm. 4 zu Art. 1; Nipperdey S. 5 ff.

4 Vgl. Gottschick I Anm. 2 zu § 1.

5 Auf diese Frage wird später noch eingegangen werden.

Hilfe zu veranlassen. Das ist von großer Wichtigkeit, da die erforderliche finanzielle Sicherstellung der Durchführung der Trinkerfürsorge sowohl für den Trinker selbst als auch für dessen Familie in jedem Fall gewährleistet sein muß.

Weiter ist, ehe wir die einzelnen Sozialhilfearten auf ihre Anwendung für Trinker und auf ihre rechtliche Erzwingbarkeit hin prüfen können, erforderlich, daß wir zuvor noch klären, inwieweit Rechte auf Sozialhilfe im allgemeinen bestehen; denn vom generellen Bestehen dieser Rechte hängt es ab, ob und inwieweit auch im Falle der Trunksucht rechtlich erzwingbar Hilfe gewährt werden muß. Wir prüfen daher im folgenden, inwieweit Rechte auf Sozialhilfe überhaupt bestehen.

II. Die Rechte auf Sozialhilfe im allgemeinen

Die Vorschriften[6], die bis zum Inkrafttreten des BSHG galten[7], sahen einen Rechtsanspruch auf Fürsorge nicht vor. Da zwar geregelt war, daß die Fürsorgeträger zu Leistungen verpflichtet seien, Bestimmungen aber darüber fehlten, wem gegenüber diese Verpflichtung bestand, vertraten Rechtsprechung und Schrifttum die Meinung, es handele sich nur um ein Reflexrecht. Diese Auffassung beruhte auf sozialethischen Vorstellungen vom Verhältnis des Staatsbürgers zum Staat, die noch aus der Zeit der Armenpflege stammten. Damals wurde dem Hilfsbedürftigen Hilfe nicht um seiner selbst willen, sondern nur aus Gründen der öffentlichen Ordnung gewährt[8]. Seit der Entscheidung des Bundesverwaltungsgerichts vom 24. 6. 1954[9] ist jedoch anerkannt, daß bei Pflichtleistungen der Fürsorge der Hilfesuchende einen Anspruch auf Hilfe hat. Das Bundesverwaltungsgericht begründete diese seine Entscheidung damit, daß die inzwischen veränderte Stellung des Bürgers dem Staat gegenüber eine Anerkennung des Rechtsanspruchs auf Fürsorge erfordere. Der Mensch sei heute nicht mehr nur Objekt staatlichen Handelns. Das verbiete die von der staatlichen Gewalt zu schützende Würde des Menschen. Als selbständige, sittlich verantwortliche Persönlichkeit habe er vielmehr Pflichten und Rechte. Dies gelte auch, wenn es um seine Daseinsmöglichkeit gehe[10].

---

[6] Reichsfürsorgepflichtverordnung vom 13. 2. 1924, RGBl I S. 100; Reichsgrundsätze über Voraussetzung, Art und Maß der öffentlichen Fürsorge vom 1. 8. 1931; RGBl I S. 441.

[7] Bundessozialhilfegesetz vom 30. 6. 1961; BGBl I S. 815.

[8] Vgl. das Urteil des Bundesamtes für Heimatwesen vom 22. 6. 1901; Entscheidung des Bundesamtes, Heft 33, Nr. 18, S. 39, 41.

[9] Vgl. BVerwGE 1, 159 ff.

[10] Vgl. BVerwGE 1, 161.

Das BSHG hat den Grundsatz des Rechtsanspruchs auf öffentliche Fürsorge des Hilfsbedürftigen übernommen und in § 4 BSHG nunmehr bestimmt, daß auf Sozialhilfe ein Anspruch besteht, soweit das Gesetz vorsieht, daß Hilfe zu gewähren ist. Welchen rechtlichen Inhalt diese Bestimmung im einzelnen hat, ist im folgenden zu untersuchen.

1. Der Anspruch auf Sozialhilfe nach § 4 BSHG

Da sich die rechtliche Bedeutung des § 4 BSHG am ehesten erfassen läßt, wenn man Klarheit über dessen Rechtsnatur hat, wollen wir zunächst die Rechtsnatur des § 4 BSHG erörtern.

a) Rechtsnatur

Bei dem Anspruch nach § 4 BSHG handelt es sich um die Gewährung von Sozialleistungen, die die Allgemeinheit den Hilfsbedürftigen auf Grund von Vorschriften des öffentlichen Rechts gewährt. Für die Rechtsnatur des § 4 BSHG ergibt sich daraus, daß § 4 BSHG öffentlichrechtlicher Natur ist.

Ferner ist der Anspruch nach § 4 BSHG dadurch gekennzeichnet, daß er einen Anspruch auf Sozialhilfe schlechthin nicht gewährt. Der Anspruch besteht vielmehr nur insoweit, als das BSHG bestimmt, daß Hilfe zu gewähren ist. Nur dann, wenn die Verpflichtung des Sozialhilfeträgers im Gesetz jeweils ausdrücklich festgelegt ist, kann der Hilfesuchende Hilfe verlangen. Der Anspruch nach § 4 BSHG ist daher kasuistisch begrenzt.

Ob darüber hinaus der Hilfesuchende bei den Pflichtleistungen einen Anspruch darauf hat, daß die Sozialhilfe auch in einer bestimmten Form und in einem festgelegten Maß zu gewähren ist, wird vom Schrifttum[11] unter Hinweis auf die Gesetzesbegründung[12] durchweg verneint. § 4 BSHG sei nur ein Anspruch dem Grunde nach. Dieser Auffassung kann jedoch nicht gefolgt werden, da sie das Wesen des § 4 BSHG zu schematisch betrachtet und dabei die in Wirklichkeit vorliegende verschiedenartige Ausgestaltung des Maßes und der Form übersieht. § 4 Abs. 2 BSHG bestimmt zwar hinsichtlich Form und Maß der Sozialhilfe, daß grundsätzlich über Form und Maß nach pflichtgemäßem Ermessen zu entscheiden ist, er fügt aber sofort einschränkend hinzu, „soweit dieses Gesetz das Ermessen nicht ausschließt". Das bedeutet, daß es im BSHG auch Leistungen gibt, bei denen sich der

---

[11] Vgl. Gottschick I Anm. 5 zu § 4; Knopp-Biederbick Anm. 5 zu § 4; Keese I Anm. 2 zu § 4; Luber S. 36 (2); Schellhorn-Jirasek-Seipp S. 20; Weller S. 482; NDV 1962, 36.

[12] BT-Drucksache S. 32.

Rechtsanspruch auch auf Form und Maß erstreckt, so daß für einen Ermessensspielraum kein Raum mehr ist[13]. Der Anspruch nach § 4 BSHG stellt sich so gesehen daher nicht als ein Anspruch dem Grunde nach dar, sondern er ist wegen der verschiedenartigen Ausgestaltung bezüglich Maß und Form ein mehrstufiger Anspruch[14], der sich in drei Stufen einteilen läßt. Erste Stufe: Maß und Form sind genau festgelegt. Zweite Stufe: Maß und Form sollen bestimmten gesetzlichen Regelungen entsprechen[15]. Dritte Stufe: Über Maß und Form der Hilfe wird nach pflichtgemäßem Ermessen entschieden. Da in manchen Fällen allerdings nur für einzelne Teile der Hilfe Art, Form und Maß gesetzlich festgelegt sind, die Ermessensausübung nur teilweise ausgeschlossen ist, lassen sich sämtliche Ansprüche auf Pflichtleistungen nicht immer ganz in eine der drei Stufen einordnen.

Neben der stufenweisen Ausgestaltung wirken sich die allgemeinen Sozialhilfegrundsätze[16] auf Form und Maß der nach § 4 BSHG zu gewährenden Pflichtleistungen aus. So ist § 1 Abs. 2 Satz 1 BSHG im Einzelfall für die Bemessung der Leistung hinsichtlich Form und Maß heranzuziehen. Er bestimmt als Aufgabe der Sozialhilfe, daß dem Empfänger der Hilfe ein menschenwürdiges Leben zu ermöglichen ist. Er ist, da er oberster Bemessungs- und Auslegegrundsatz der gesamten Sozialhilfe ist[17], für alle Leistungen von Bedeutung. Ferner werden Form und Maß durch den Individualisierungsgrundsatz des § 3 BSHG bestimmt. Während Sozialversicherung und Versorgung einzelnen typischen Notlagen durch typisierte Sozialleistungen zu begegnen suchen, muß die Sozialhilfe in unvorhersehbaren und untypischen Notlagen helfend eingreifen. Dieses Ziel läßt sich nur erreichen, wenn die Sozialhilfe nicht auf die Gewährung typisierter Leistungen beschränkt wird, sondern wenn sie sich so weit wie möglich den Besonderheiten des Einzelfalles anpassen kann. Ausrichtung und Bemessung dessen, was im Einzelfall nötig ist, richtet sich daher nach den persönlichen und örtlichen Verhältnissen sowie der Eigenart der Notlage. Damit nicht der Willkür und einer übersteigerten Ermessensfreiheit das Tor geöffnet wird, bestimmt der Gesetzgeber, daß die obersten Landesbehörden oder die von ihnen beauftragten Stellen für die Bemessung des laufenden notwendigen Lebensunterhalts Regelsätze festlegen, an denen sich im Regelfall die Fürsorge ausrichtet[18].

---

[13] Vgl. z. B. die §§ 23, 69 Abs. 3, 67, Abs. 2 BSHG.

[14] So auch Dahlinger in NJW 1962, 1130; Müller-Tochtermann in JuS 1962, 451.

[15] Vgl. z. B. § 36 Abs. 1 und 2 BSHG.

[16] Vgl. dazu Muthesius-Giese in JuS 1962, 455 ff.

[17] Vgl. Gottschick I Anm. 3 zu § 1.

[18] Vgl. Weller S. 481.

Der Anspruch nach § 4 BSHG ist schließlich dadurch gekennzeichnet, daß er weder übertragen, verpfändet noch gepfändet werden darf. Diese Regelung entspricht dem höchstpersönlichen Charakter der Sozialhilfe und soll verhindern, daß durch Entstehen neuer Notlagen infolge Übertragung, Verpfändung und Pfändung neue Hilfe gewährt werden muß. Jede Art rechtsgeschäftlicher Übertragung ist daher ausgeschlossen. Ein solches Rechtsgeschäft wäre nichtig[19].

Beim Anspruch nach § 4 BSHG handelt es sich also um einen Anspruch öffentlich-rechtlicher Art, der kasuistisch begrenzt ist. Seine Form und sein Maß sind stufenartig ausgestaltet und werden durch die allgemeinen Sozialhilfegrundsätze bestimmt. Wegen seines höchstpersönlichen Charakters kann der Anspruch nicht übertragen, gepfändet oder verpfändet werden. Durch die Anerkennung eines subjektiv-öffentlich-rechtlichen Anspruchs nähert sich die Rechtsstellung des Hilfesuchenden derjenigen eines Anspruchsberechtigten auf Leistungen aus der Sozialversicherung und Versorgung[20].

b) Anspruchsvoraussetzungen

Die Voraussetzungen des Anspruchs nach § 4 BSHG sind nicht einheitlich gefaßt. Sie sind in allgemeinen Vorschriften geregelt, die für alle Hilfen gelten. Darüber hinaus gibt es besondere Voraussetzungen, die nur für eine oder mehrere Hilfearten Geltung haben. Sie sind jeweils bei den einzelnen Leistungsvoraussetzungen aufgeführt[21]. Uns interessieren hier jedoch nur die allgemeinen Anspruchsvoraussetzungen. Es gibt von ihnen drei oder zwei, je nachdem, ob man die Hilfe zum Lebensunterhalt nach § 11 BSHG oder die Hilfe in den besonderen Lebenslagen nach § 27 BSHG meint. Sie sind in die Form negativer Anspruchsvoraussetzungen gekleidet.

Für alle Hilfearten, auf die nach § 4 BSHG ein Anspruch besteht, ist zunächst erforderlich, daß Hilfsbedürftigkeit eingetreten sein muß. Im Wege des Umkehrschlusses ergibt sich aus § 1 Abs. 2 Satz 1 BSHG, daß das dann der Fall ist, wenn der Hilfebedürftige nicht mehr fähig ist, ein menschenwürdiges Leben zu führen.

Ferner gilt der Grundsatz der Subsidiarität. Sozialhilfe bekommt der Hilfesuchende danach nur dann, wenn er nicht selbst in der Lage ist, sich zu helfen. Er hat dabei sein gesamtes Einkommen[22] und Vermögen[23]

---

[19] Vgl. Oestreicher Anm. 9 zu § 4.
[20] Vgl. Duntze S. 227.
[21] Sie stellen z. B. ab auf Eigenschaften wie Alter, Geschlecht oder Familienstand.
[22] Das Einkommen umfaßt nach § 76 BSHG alle Einkünfte in Geld oder Geldeswert mit Ausnahme der Sozialhilfeleistungen.
[23] Zum Vermögen gehört nach § 88 BSHG das gesamte verwertbare Vermögen.

einzusetzen. Diese Regelung wird allerdings insofern durchbrochen, als bei den Hilfen in besonderen Lebenslagen den dort genannten Personen die Hilfe auch dann gewährt wird, wenn sie zwar Einkommen und Vermögen haben, die Aufbringung der Mittel ihnen aber nicht zugemutet werden kann[24]. In einigen Fällen der Hilfe in besonderen Lebenslagen[25] wird die Hilfe sogar ohne Rücksicht auf vorhandenes Einkommen oder Vermögen gewährt. In diesen Fällen handelt es sich um Notlagen, die keine wirtschaftlichen Gründe haben. Bei ihnen ist die Hilfeleistung keine in Geldwert meßbare Hilfe, sondern rein persönliche Hilfe[26].

Weiter ist bei einem Anspruch auf Leistungen nach § 4 BSHG erforderlich, daß der Hilfesuchende die Hilfe nicht von anderen bekommt. Es kommt dabei nicht darauf an, ob die Leistungen des anderen auf Grund einer gesetzlichen, vertraglichen oder sittlichen Verpflichtung oder freiwillig gewährt werden[27]. Von Bedeutung sind hier vor allem Leistungen von Angehörigen oder von Trägern anderer Sozialleistungen. Zuwendungen der freien Wohlfahrtspflege bleiben jedoch nach § 78 BSHG unberücksichtigt.

Es bedarf bei der Erörterung der allgemeinen Anspruchsvoraussetzungen hier keiner eingehenden Begründung, daß sowohl Ursache als auch Verschulden grundsätzlich ohne Einfluß auf die Entstehung des Anspruchs auf Sozialhilfe sind. Eine andere Regelung stünde im Gegensatz zum Ziel der Sozialhilfe, dem Hilfebedürftigen eine der Würde des Menschen entsprechende Lebensführung in jedem Falle zu ermöglichen. Es sei jedoch erwähnt, daß der Umstand, daß der Hilfesuchende seine Notlage selbst verursacht hat, bei der Ausgestaltung der Hilfe bezüglich der Form, insbesondere aber beim Maß, eine Rolle spielen kann[28].

2. Die Rechte auf Grund der Soll- und Kann-Bestimmungen des BSHG

Neben dem Anspruch auf Sozialhilfe nach § 4 BSHG gibt es nach dem BSHG weitere Notlagen, in denen Hilfe gewährt werden soll oder gewährt werden kann. Dies gilt vorwiegend für erstmals ins Gesetz aufgenommene Hilfearten. Für sie sollen erst Erfahrungen gesammelt werden, ehe später ein Rechtsanspruch anerkannt werden

---

[24] Bei der Prüfung der Zumutbarkeit geht man von festgelegten Einkommensgrenzen aus.

[25] Vgl. §§ 56 Abs. 1 Satz 2; 72 Abs. 3 BSHG.

[26] Vgl. Gottschick I Anm. 7 zu § 28.

[27] Vgl. Gottschick I Anm. 3 zu § 2; Weller S. 482.

[28] Vgl. Luber S. 36 (7).

kann[29]. Wenn in diesen Fällen auch kein Rechtsanspruch besteht, so sind doch bestimmte Rechte gegeben, auf die einzugehen ist.

Bei Sozialhilfeleistungen, die auf Grund einer Soll- oder Kann-Bestimmung gewährt werden, entscheidet der Sozialhilfeträger über die Gewährung nach seinem Ermessen. Der Ermessensspielraum ist dabei unterschiedlich groß. Bei einer Soll-Vorschrift besteht eine starke Ermessensbindung insofern, als der Sozialhilfeträger grundsätzlich gehalten ist, nach der Bestimmung zu verfahren, es sei denn, besondere Umstände lassen ein Abweichen als geboten erscheinen[30]. Besteht Ungewißheit darüber, ob eine solche Maßnahme gegeben ist und läßt sich der Tatbestand nicht klären, so darf sich das nicht zu Lasten des Hilfesuchenden auswirken. Ihm muß Hilfe gewährt werden[31]. Eine Soll-Bestimmung kommt daher in ihren praktischen Auswirkungen einer Muß-Bestimmung sehr nahe. Die auf Grund von ihr ergehende Entscheidung bleibt daher stets eine Ermessensentscheidung[32].

Handelt es sich um eine Kann-Bestimmung, ist der Sozialhilfeträger in seiner Entscheidung frei. Er ist nicht an Innehaltung des Regelfalles gebunden. Der Sozialhilfeträger unterliegt aber auch hier einer Bindung, als er nur in einer dem Gesetzeszweck entsprechenden Weise Gebrauch vom Ermessen machen kann und dabei nicht gegen den Gleichheitssatz verstoßen darf[33].

In beiden Fällen, in denen Sozialhilfeträger Leistungen auf Grund von Ermessensentscheidungen gewähren, steht dem Hilfesuchenden ein öffentlich-rechtlicher Anspruch zu, daß die Sozialhilfeträger ihr Ermessen fehlerfrei ausüben[34]. Dieses formelle subjektiv-öffentliche Recht auf fehlerfreie Ausübung des Ermessens besteht jedoch nur dann, wenn die gesetzlichen Voraussetzungen für die Hilfegewährung vorliegen. Liegen sie vor, so darf der Sozialhilfeträger nicht untätig bleiben, er muß in eine Ermessensprüfung eintreten[35]. Es ist daher ein rechtsmittelfähiger Bescheid auch bezüglich der Soll- und Kann-Leistungen erforderlich, um die Fristen des Anfechtungsverfahrens in Lauf zu setzen[36].

---

[29] Vgl. BT-Drucksache S. 32.
[30] Vgl. BVerwGE in DVBl 1960, 252.
[31] Vgl. Dahlinger a. a. O., S. 1130.
[32] Vgl. OVG Münster in DVBl 1961, 479.
[33] Vgl. BVerwG in DÖV 1961, 391.
[34] Vgl. Bachof: Die verwaltungsgerichtliche Klage auf Vornahme einer Amtshandlung, Tübingen 1951, S. 69 f.; Naumann in DVBl 1951, 583; 1952, 406; in ArchöffR Bd. 77, 94 f.; Haueisen in DVBl 1952, 521 f.; Dahlinger a. a. O., S. 1130; OVG Hamburg DVBl 1951, 479; BVerwGE 7, 186; 10, 113; a. A. sind vor allem Forsthoff S. 173; Huber, E. R., Wirtschaftsverwaltungsrecht, 2. Aufl., 1954, 2. Bd. S. 658.
[35] Vgl. BVerwG in NJW 1956, 155.
[36] Vgl. Mergler Anm. 3 zu § 4.

3. Verlust der Rechte auf Sozialhilfe

Da die Kosten der Sozialhilfe aus Mitteln der Allgemeinheit bestritten werden, sind dem Hilfeempfänger im BSHG eine Reihe von Pflichten auferlegt worden. Erfüllt er diese nicht, kann er sich grundsätzlich auf seine Rechte auf Gewährung von Sozialhilfe nicht mehr berufen[37]. Es widerspräche dem auch das öffentliche Recht beherrschenden Grundsatz von Treu und Glauben[38], wollte man dem Hilfesuchenden grundsätzlich alle Rechte auf Sozialhilfe auch dann noch zugestehen, wenn er schuldhaft den ihm obliegenden Pflichten nicht nachkommt[39].

Für den Hilfesuchenden bzw. Hilfeempfänger bestehen folgende Pflichten: Er ist nach § 1 Abs. 2 Satz 2 BSHG verpflichtet, bei der Erreichung des Ziels der Sozialhilfe, unabhängig von ihr zu leben, mitzuwirken. Weiter hat der Hilfesuchende nach § 115 Abs. 1 BSHG zur Feststellung seines Bedarfs mitzuhelfen, soweit ihm dies zuzumuten ist. Nach § 115 Abs. 2 BSHG hat der Hilfeempfänger Änderungen der Tatsachen, die für die Hilfegewährung maßgebend sind, unverzüglich dem Sozialhilfeträger mitzuteilen. Der Hilfeempfänger ist schließlich nach § 92 BSHG in bestimmten Fällen zum Kostenersatz verpflichtet und hat nach § 64 Abs. 2 BSHG Auskunft zu erteilen sowie die Anordnungen des Gesundheitsamts zu befolgen.

Die Rechtsfolgen bei Verletzung dieser Pflichten sind im einzelnen voneinander abweichend. In den Fällen, in denen die Rechtsfolgen gesetzlich geregelt sind[40], ist die Sozialhilfe zu versagen oder kann sie versagt werden. In den anderen Fällen, bei denen gesetzliche Regelungen fehlen, ist im Einzelfall zu entscheiden, welche Folgerungen aus dem Verhalten des Hilfesuchenden zu ziehen sind. So wird man im Hinblick darauf, daß im öffentlichen Recht der Erlaß eines begünstigenden Verwaltungsaktes mit der Auflage der Erfüllung bestimmter Pflichten verknüpft werden kann sowie die Nichterfüllung der Pflichten den Widerruf des Verwaltungsaktes zur Folge haben kann[41], davon auszugehen haben, daß der Hilfesuchende Sozialhilfeleistungen, auf die er nach § 4 BSHG einen Anspruch hat, grundsätzlich in vollem Umfange dann nicht mehr geltend machen können, wenn er die ihm im Zusammenhang mit der Sozialhilfegewährung obliegenden Pflichten

---

[37] Vgl. BT-Drucksache S. 33; Dahlinger a. a. O., S. 1131; Heimann in BlWPfl 1961, 273; Oestreicher, Einf., Anm. 33.

[38] Vgl. RGZ 148, 269; 158, 238; BVerwGE 3, 203; vor allem Stich in DVBl 1959, 234 ff.

[39] Vgl. BayVGH in DVBl 1952, 670; Württ-Bad.VGH in DVBl 1951, 417; OVG Berlin in NJW 1953, 1767; Hess.VGH in DÖV 1956, 123; BVerwG in DVBl 1958, 619.

[40] Vgl. §§ 25 Abs. 1 i.V.m. 18; 45, 67 Abs. 3 BSHG.

[41] Vgl. Forsthoff S. 243; VGH Stuttgart in VerwRechtspr 6, 570.

nicht erfüllt. Wird die Sozialhilfe dem Ermessen nach gewährt oder werden Maß und Form vom Ermessen der Behörden bestimmt, so kann die Hilfe eingeschränkt werden oder nach den Regeln über die Beweislastverteilung[42] versagt werden, wenn sich wie z. B. im Falle des § 115 Abs. 1 BSHG infolge der Weigerung des Hilfesuchenden nicht ermitteln läßt, ob die Voraussetzungen einer Sozialhilfe, die nach Ermessen gewährt werden kann, vorliegen oder nicht[43]. In diesem Zusammenhang ist besonders darauf hinzuweisen, daß umstritten ist, ob ein Hilfsbedürftiger trotz erkennbarer Arbeitsscheu weiter unterstützt werden muß. In Anbetracht der Tatsache, daß dem Bedürftigen nach § 1 Abs. 2 BSHG die Führung eines menschenwürdigen Lebens ermöglicht werden muß, wird man nicht umhin können, dem Bedürftigen den notwendigen Lebensunterhalt zu sichern. Allerdings wird man bei Arbeitsscheuen die Unterstützung auf die Fristung des Lebensunerläßlichen beschränken dürfen[44].

4. Geltendmachung der Rechte auf Sozialhilfe

Bei Verletzung der Rechte auf Sozialhilfe steht dem Hilfesuchenden der Rechtsweg zu den Gerichten offen. Da das BSHG hinsichtlich der Zuständigkeit für Entscheidungen über öffentlich-rechtliche Streitigkeiten in Angelegenheiten der öffentlichen Fürsorge es bei der bisherigen Regelung lassen wollte und demzufolge eine Rechtswegregelung im BSHG fehlt[45] sind wie bisher die Gerichte der Verwaltungsgerichtsbarkeit nach § 40 VwGO zuständig.

Für die Fälle, in denen ein Rechtsanspruch auf Sozialhilfe besteht, kommen als Klagearten vorwiegend die Anfechtungs- und die Verpflichtungsklage nach § 42 VwGO in Betracht, je nachdem, ob die Aufhebung eines ergangenen rechtsnachteiligen Verwaltungsaktes des Sozialhilfeträgers begehrt wird oder erstrebt wird, daß die Behörde einen Verwaltungsakt eines bestimmten Inhalts erlassen möge. In den Fällen dagegen, in denen über die Gewährung der Sozialhilfe nach Ermessen zu entscheiden ist, besteht keine Möglichkeit gerichtlicher Nachprüfung, da die Ausübung des Ermessens grundsätzlich der gerichtlichen Nachprüfung entzogen ist. Dieser Grundsatz ist jedoch

---

[42] Vgl. Ule, Verwaltungsgerichtsbarkeit, 1960, § 86 III 3 b.

[43] Vgl. zur Frage der Rechtsfolgen bei Pflichtverletzungen insbes. Dahlinger a. a. O., S. 1131 ff.; Heimann a. a. O., S. 1273 ff.

[44] So auch BVerwG in MDR 1954, 698; OVG Lüneburg in FEVS 1, 176; BayVGH in BayVBl 1958, 154; OVG Berlin in NJW 1959, 1386; Zabel in NDV 1960, 249; SozArb 1962, 399; a. A.: OVG Münster in DÖV 1955, 125; 1959, 71.

[45] Vgl. BT-Drucksache S. 33.

insofern durchbrochen, als die Gerichte nach § 114 VwGO nachprüfen können, ob die Bescheide der Sozialhilfeträger deshalb rechtswidrig sind, weil die gesetzlichen Grenzen des Ermessens überschritten worden sind oder weil von dem Ermessen in einer dem Zweck der Ermächtigung nicht entsprechenden Weise Gebrauch gemacht worden ist.

Anspruchsberechtigt ist der Trinker, der nach den Bestimmungen des BSHG Rechte auf Sozialhilfe hat. Anspruchsverpflichtet ist der Sozialhilfeträger. Das gilt auch dann, wenn die Träger der Sozialhilfe in bestimmten, im Gesetz vorgesehenen Fällen die Durchführung von Aufgaben anderen staatlichen oder privaten Stellen übertragen haben.

III. Die für Trinker im einzelnen in Betracht kommenden Arten der Sozialhilfe

Nachdem wir die Fragen erörtert haben, inwieweit das BSHG Rechte auf Sozialhilfe im allgemeinen gewährt und wer zur Geltendmachung dieser Rechte berechtigt und verpflichtet ist, kann nunmehr untersucht werden, welche Arten der Sozialhilfe für den Trinker im einzelnen in Betracht kommen.

Im Gegensatz zum bisherigen Fürsorgerecht sieht das Leistungsrecht des BSHG im § 1 Abs. 1 vor, daß Sozialhilfe als Hilfe zum Lebensunterhalt und als Hilfe in besonderen Lebenslagen gewährt werden kann. Dieser Neuregelung liegt die Erfahrung zu Grunde, daß diejenigen Hilfeleistungen, die eine persönliche Betreuung des Hilfeempfängers erfordern, immer mehr an Bedeutung gewonnen haben und daß ihnen gegenüber die mehr oder weniger schematischen Geldleistungen zum Lebensunterhalt weniger wichtig geworden sind[46]. In Anbetracht dieser Tatsache sind daher erstmalig im BSHG die über die rein wirtschaftlichen Unterstützungen hinausgehenden Hilfen in besonders gearteten Notständen, bei denen in gesteigertem Maße eine individuelle Würdigung und persönliche Betreuung[47] nötig ist, als Hilfen in besonderen Lebenslagen zusammengefaßt worden[48].

Da die Trunksucht große Gesundheitsschäden hervorruft und das BSHG eine Reihe von Hilfen zur Förderung der Gesundheit kennt, sei anfangs geprüft, ob für Trinker auf Grund dieser Bestimmungen Hilfe gewährt werden kann.

---

[46] Vgl. BT-Drucksache S. 33 f.

[47] Vgl. Hieronymus S. 235; Tuercke S. 60 f.; Zeise S. 49.

[48] Vgl. BT-Drucksache S. 31.

1. *Gesundheitshilfe*

In Betracht kommt zunächst Krankenhilfe nach § 37 BSHG.

a) Krankenhilfe nach § 37 BSHG

Für die Gewährung der Krankenhilfe ist als einzige Voraussetzung erforderlich, daß der Hilfesuchende krank ist. Da das BSHG keine Bestimmungen über die Begriffe „krank“ oder „Krankheit“ trifft, ist im Wege der Auslegung zu ermitteln, was unter „Krankheit“ im Sinne des § 37 BSHG zu verstehen ist. Denkbar wäre, daß der Krankheitsbegriff der gesetzlichen Krankenversicherung in vollem Umfang auch im Sozialhilferecht gilt[49]. Krankheit im Sinne der RVO[50] ist jeder regelwidrige Körper- und Geisteszustand, der eine Heilbehandlung erfordert oder Arbeitsunfähigkeit zur Folge hat. Dieser Krankheitsbegriff, der neben dem medizinischen Krankheitsbegriff noch ein juristisches Tatbestandsmerkmal enthält, kann in vollem Umfange für das Sozialhilferecht jedoch keine Geltung haben, da im Sozialhilferecht Hilfe auch bei Arbeitsfähigkeit gewährt werden kann. Für das Sozialhilferecht kommt vielmehr der medizinische Krankheitsbegriff in Frage[51]. Dieser deckt sich mit dem der RVO jedoch, wenn man das Tatbestandsmerkmal der Arbeitsunfähigkeit ausnimmt[52], das allein für den Bereich der Sozialversicherung erforderlich ist. Krank im Sinne des § 37 des BSHG ist dann demnach derjenige, dessen regelwidriger Körper- und Geisteszustand eine Heilbehandlung erfordert.

Für die chronische Trunksucht ist seit langem[53] anerkannt, daß sie eine Krankheit ist. Bereits 1915 hat das RVA in einer Grundsatzentscheidung[54] festgestellt, bei fortgeschrittener Trunksucht handele es sich um eine pathologische Erscheinung, die hinsichtlich des Körperzustandes durch krankhafte Organe und durch Schwäche des Nervensystems, hinsichtlich des geistigen Zustandes durch krankhafte Reizbarkeit und sonstige Erscheinungen der Nervenschwäche gekennzeichnet sei. Dabei genüge es für die Annahme der fortgeschrittenen Trunksucht, wie das RVA später[55] ergänzend feststellte, daß die Trunksucht einen erheblichen Grad erreicht habe.

Nicht so einfach lassen sich dagegen die Fälle der einfachen Trunksucht beurteilen. Bei ihnen kann zweifelhaft sein, ob sie als Krankheit

---

[49] So Schellhorn-Jirasek-Seipp S. 73.
[50] Vgl. BSG in „Die Sozialgerichtsbarkeit“ 1961, 118 f.
[51] So auch Knopp-Biederbick Anm. 3 zu § 36.
[52] Vgl. Gottschick I Anm. 4 zu § 37.
[53] Vgl. die Entscheidungen des RVA in AN 1916, S. 1341 Nr. 2140 in „Die Arbeiter-Versorgung“ 1941, 53; Entscheidung des SG Duisburg vom 24. 10. 1961, Akt. Z. S. 5 Kr 28/61, abgedruckt bei Krasney, Ernst, II S. 5 f.
[54] Vgl. RVA in AN 1916, S. 1341 Nr. 2140.
[55] Vgl. RVA in „Die Arbeiter-Versorgung“ 1941, 53.

im Sinne des § 37 BSHG anzusehen sind. So haben einige Krankenkassen wiederholt einen Kostenersatz mit der Begründung abgelehnt, bei der einfachen Trunksucht läge eine Krankheit nicht vor. Dieser Auffassung ist im Schrifttum[56] und neuerdings auch in der Rechtsprechung[57] mit dem Hinweis widersprochen worden, daß auch die einfache Trunksucht eine Krankheit sei. Dem ist beizupflichten[58]. Der medizinische Krankheitsbegriff des § 37 BSHG erstreckt sich nicht nur auf pathologische Krankheitserscheinungen, sondern auch auf psychische Fehlhaltungen und Behinderungen[59]. Da auch ein Trinker im Stadium der einfachen Trunksucht auf Grund der Deformierung seiner Verhaltensstruktur in seiner natürlichen Handlungsfreiheit behindert ist, wird man auch die einfache Trunksucht als Krankheit im Sinne des § 37 BSHG ansehen müssen[60]. Das ergibt sich insbesondere auch aus der Aufgabe und dem Ziel der Krankenhilfe. Ziel der Krankenhilfe kann nicht allein die Beseitigung schwerer akuter Krankheitszustände sein, sondern auch die Verhinderung schwerer körperlicher Schäden, mit deren sicherem Eintritt zu rechnen ist. Der Mensch ist bereits dann krank, wenn der krankhafte Prozeß seinen Anfang genommen hat und Symtome der Krankheit eindeutig feststellbar sind. Auf den Eintritt schwerer Folgen ist nicht zu warten. Das gilt auch für die Trunksucht, bei der, wenn sie in das Stadium der chronischen Trunksucht getreten ist, erfahrungsgemäß Organschäden auftreten. Es widerspräche der Würde des Menschen nach Art. 1 GG, würde man einen Trinker darauf verweisen, er müsse erst sichtbare Folgeerscheinungen der chronischen Trunksucht an Organen und an seinem Nervenzustand haben, ehe ihm Hilfe zuteil würde[61]. So gesehen erfüllen Trinker, die sich im Stadium der einfachen sowie der chronischen Trunksucht befinden, die Voraussetzungen der Krankenhilfe nach § 37 BSHG.

Die Krankenhilfe umfaßt ambulante und stationäre Hilfe. In beiden Fällen wird der Trinker einer ärztlichen Behandlung zugeführt, zu der jede auf Erkennung, Heilung oder Linderung der Trunksucht und ihrer Auswirkungen gerichtete ärztliche Tätigkeit gehört[62]. Wichtig ist

---

[56] Vgl. Graf II S. 1 ff.; Gabriel in SuchtG 1963, 1, 9; Krasney, Ernst, II S. 1 ff.

[57] Vgl. das Urteil des SG Duisburg, Akt. Z. S. 5 Kr 28/61, z. T. abgedruckt bei Krasney, Ernst, II S. 5 f.

[58] Schon aus etymologischen Gründen kann man zur Feststellung kommen, daß auch die einfache Trunksucht eine Krankheit ist, da Sucht mit siech = krank zusammenhängt.

[59] Vgl. Keese I Anm. 2 zu § 36.

[60] Vgl. Palandt-Danckelmann Anm. 4 zu § 6; Staudinger-Coing Anm. 2 zu § 6; RGRK Anm. 5 zu § 6; Enneccerus-Nipperdey § 93, II, 2 a; RG in SeuffA 68, Nr. 116.

[61] Vgl. SG Duisburg, z. T. abgedruckt bei Krasney, Ernst, II S. 6.

[62] Vgl. Schellhorn-Jirasek-Seipp S. 73; Sorg S. 8.

hierbei, daß der Trinker Anspruch auf Krankenhausbehandlung hat, der eine nach ärztlichem Urteil notwendige Entziehungskur in einer Trinkerheilstätte gleichsteht, wenn bei ihr eine planmäßige ärztliche Tätigkeit im Vordergrund steht[63]. Dem Trinker sind ferner Medikamente bei einer ambulanten Entziehungskur zur Verfügung zu stellen. Da für die Krankenhilfe nach § 37 BSHG die erhöhten Einkommensgrenzen nach §§ 79, 27 BSHG gelten, kann die freiwillige Heilbehandlung von Trinkern auf Kosten der öffentlichen Sozialhilfe wesentlich gefördert werden, ohne daß eine untragbare Belastung für den Kranken und seine Angehörigen eintritt[64].

b) Vorbeugende und nachgehende Gesundheitshilfe, §§ 36, 6 BSHG

Wir wenden uns zuerst der vorbeugenden Gesundheitshilfe zu.

aa) Vorbeugende Gesundheitshilfe nach § 36 BSHG

Da die fürsorgerische Erfahrung zeigt, daß früh erfaßte Trinker eine besonders günstige Heilungsprognose haben, ist zu prüfen, ob nach dem BSHG Hilfe bereits dann gewährt werden kann, wenn die typischen Erscheinungsformen der Trunksucht noch nicht ausgeprägt sind. In Betracht kommt hierfür die vorbeugende Gesundheitshilfe nach § 36 BSHG, die, weil die Voraussetzungen für eine solche Hilfe mannigfaltig und somit für die Gewährung eines Anspruchs nicht genügend bestimmbar sind[65], nur in die Form einer Soll-Vorschrift gekleidet ist. Voraussetzung dieser Hilfe ist zunächst, daß eine Erkrankung oder sonstiger Gesundheitsschaden einzutreten droht. Da sich der Begriff der Erkrankung mit dem der Krankheit in § 37 BSHG deckt, ist Trunksucht eine Erkrankung auch im Sinne des § 36 BSHG. Versteht man ferner unter dem Begriff „sonstiger Gesundheitsschaden" alle übrigen körperlichen, geistigen oder seelischen Schäden, zu deren Heilung oder Milderung besondere Maßnahmen notwendig sind[66], so wird man auch dieses Tatbestandsmerkmal bei Trinkern als gegeben ansehen, da Trunksucht im allgemeinen zu körperlichen und psychischen Schäden führt.

Weiter müssen diese Schäden „einzutreten drohen". Wann das der Fall ist, läßt sich zwar grundsätzlich nur im Einzelfall vom Arzt beurteilen[67], ein Gesundheitsschaden wird jedoch in der Regel dann ein-

[63] Vgl. Gottschick I Anm. 5 c zu § 37; Knopp-Biederbick Anm. 10 zu § 37; Schellhorn-Jirasek-Seipp S. 74; Sorg S. 8.

[64] Vgl. Sorg S. 9.

[65] Vgl. BT-Drucksache S. 45.

[66] Vgl. Gottschick I Anm. 3 a zu § 36.

[67] Vgl. Gottschick I Anm. 3 b zu § 36.

zutreten drohen, wenn mit Sicherheit bei Nichtgewährung der Hilfe die Erkrankung oder die Verschlimmerung zu befürchten ist[68] oder wenn die Erkrankung oder die Gefährdung des Gesundheitszustandes unmittelbar bevorsteht[69]. Der übliche Verlauf der Trunksucht zeigt, daß die körperlichen und psychischen Schäden desto größer werden, je länger die Trunksucht dauert. Bei Anzeichen psychischer Fehlhaltungen, die auf den Beginn einer Trunksucht hindeuten, drohen daher in der Regel immer körperliche und psychische Schäden.

Die vorbeugende Gesundheitshilfe beginnt dann, wenn durch einen Arzt, der allein darüber zu entscheiden hat, das Vorliegen der Voraussetzungen festgestellt worden ist. Dabei ist es dem Sozialhilfeträger überlassen, wessen Urteil er als maßgebend zu Grunde legen will. Das kann das Urteil eines behandelnden Privatarztes, eines Facharztes oder eines Amtsarztes sein[70].

Bei der Gewährung ist von besonderer Bedeutung, daß nach § 36 Abs. 1 Satz 2 BSHG zum Zwecke der Früherkennung von Erkrankungen Voruntersuchungen durchgeführt werden können. Für die Trinkerfürsorge bietet sich hierdurch die Möglichkeit, Trinker zur Beobachtung und zum Zwecke besserer Diagnose und Therapie kurzfristig stationär zu behandeln[71].

bb) Nachgehende Gesundheitshilfe, § 6 Abs. 2 BSHG

Außer der Tatsache, daß die Hilfe so früh wie möglich gewährt wird, ist ferner für den Erfolg der Trunksuchtsbehandlung wichtig, daß der Behandlungserfolg möglichst lange gesichert bleibt. Dafür ist Gewährung nachgehender Sozialhilfe erforderlich. Diese Hilfe sieht § 6 Abs. 2 BSHG vor. Sie soll nach Beseitigung der Notlage gewährt werden, wenn dies geboten ist, um die Wirksamkeit der zuvor gewährten Hilfe zu sichern. Da Trinker erfahrungsgemäß in den ersten sechs Monaten in Gefahr stehen, rückfällig zu werden, und nur eine intensive Nachbetreuung dem entgegenwirken kann, sind für geheilte Trinker die Voraussetzungen für die nachgehende Gesundheitshilfe, die im Hinblick auf zu befürchtende Rückfälle auch vorbeugender Natur ist, stets erfüllt.

Sowohl vorbeugende als auch nachgehende Gesundheitshilfe kommen deshalb für den Trinker in Betracht.

---

[68] Vgl. Knopp-Biederbick Anm. 4 zu § 36.

[69] Vgl. NDV 1962, 206.

[70] Vgl. Gottschick I Anm. 3 c zu § 36.

[71] Vgl. Krasney, Ernst, I S. 19; Schellhorn-Jirasek-Seipp S. 72.

c) Hilfe zur Pflege nach § 68 BSHG

Neben der eigentlichen ärztlichen Behandlung des Trinkers kann Pflege in denjenigen Fällen erforderlich sein, in denen Trinker zwar sehr geschwächt und körperlich geschädigt sind, eine Krankenhausaufnahme aber im Wege der Gesundheitshilfe nicht oder nicht mehr durchführbar ist. Für diese Trinker ist von Interesse, ob sie Pflege nach § 68 BSHG beanspruchen können.

Voraussetzung für die Hilfe zur Pflege ist, daß der Hilfesuchende durch Krankheit hilflos geworden ist. Es gibt eine Reihe von Trinkern, besonders chronische Trinker, bei denen der Verfallsprozeß derart weit fortgeschritten ist, daß sie hilflos im Sinne des § 68 BSHG sind.

Die Hilflosigkeit muß jedoch einen derartigen Grad erreicht haben, daß der Hilfesuchende nicht mehr ohne Pflege bleiben kann. Das ist bei demjenigen chronischen Trinker der Fall, der sich im Endstadium der chronischen Trunksucht befindet und nicht mehr geheilt und rehabelitiert werden kann. Diese Personen sind nicht mehr in der Lage, die für die Aufrechterhaltung ihres Lebens nötigen Anstalten zu treffen. Sie sind körperlich und sozial völlig hilflos. Sie werden vom § 68 BSHG erfaßt[72]. Nur dieser geringe Teil der chronischen Trinker kann Hilfe zur Pflege beanspruchen.

Gewährt werden kann häusliche und Anstaltspflege[73]. Bevor die staatliche Trinkerfürsorge jedoch häusliche Pflege gewährt, ist sie nach § 69 Abs. 2 BSHG gehalten, für die Wartung und Pflege des hilfesuchenden Trinkers durch Verwandte und Nahestehende zu sorgen. Dabei sind zu den Nahestehenden neben Familienangehörigen auch eng befreundete Personen zu zählen, insbesondere solche, bei denen sich durch längeres Zusammenleben in einer gemeinsamen Wohnung eine freundschaftliche Bindung entwickelt hat[74].

2. *Hilfe zur Schaffung und Sicherung der wirtschaftlichen Existenzgrundlage*

Da es nicht nur das Ziel der Trinkerfürsorge ist, den Trinker zu heilen und zu pflegen, sondern ihm und seiner Familie die wirtschaftliche Existenzgrundlage zu erhalten oder wiederzuschaffen, ist es auch von fürsorgerischem Interesse, welche Hilfen dem Trinker zur Sicherung oder zur Schaffung der wirtschaftlichen Existenzgrundlage gewährt werden können.

---

[72] Vgl. BT-Drucksache S. 49.
[73] Vgl. Gottschick I Anm. 7 zu § 68.
[74] Vgl. Oestreicher Anm. 3 zu § 69.

a) Hilfe zum Aufbau oder zur Sicherung der Lebensgrundlage, § 30 BSHG

Denkbar wäre, daß die Hilfe zum Aufbau oder zur Sicherung der Lebensgrundlage nach § 30 BSHG auch für Trinker in Betracht kommen könnte.

Erforderlich ist hierfür, daß die ausreichende wirtschaftliche Lebensgrundlage fehlt oder gefährdet ist. Dies ist der Fall, wenn ohne die Hilfe voraussichtlich Hilfe zum Lebensunterhalt gewährt werden müßte[75]. Da chronische Trinker im Gefolge ihrer Krankheitsentwicklung häufig ihre Arbeitsstellen verlieren und dann nur noch hier und da Gelegenheitsarbeiten nachgehen, deren Einkünfte nicht die Lebenshaltungskosten decken, fehlt bei diesen Trinkern oft die wirtschaftliche Lebensgrundlage. Ob dagegen bei Trinkern im Stadium der einfachen Trunksucht die ausreichende wirtschaftliche Lebensgrundlage bereits als gefährdet anzusehen ist, mag zweifelhaft sein. Wenn auch eine einfache Trunksucht sich zur chronischen Trunksucht entwickeln kann und damit sozial-wirtschaftliche Notlagen einzutreten drohen, so bedeutet das jedoch noch nicht, daß die wirtschaftliche Lebensgrundlage bereits dann gefährdet ist, wenn es sich noch um eine einfache Trunksucht handelt. Es sind Anzeichen erforderlich, daß Schäden ohne Hilfegewährung mit Wahrscheinlichkeit demnächst einzutreten drohen. Weiter soll die Hilfe nur denjenigen Personen gewährt werden, die ihre Lebensgrundlage durch „eigene Tätigkeit" aufbauen oder sichern wollen. Die Worte „eigene Tätigkeit" sollen dabei so ausgelegt werden[76], daß nur an Hilfe für Personen, die eine selbständige Tätigkeit ausüben, zu denken ist. Da die Gruppe der Selbständigen unter den Trinkern jedoch sehr gering ist, scheint diese Bestimmung auf den ersten Blick keine größere Bedeutung für Trinker zu haben. Da das Gesetz selbst jedoch über die Art der Tätigkeit keine Vorschrift enthält, wird man unter eigener Tätigkeit ebenso gut auch eine Tätigkeit in Abhängigkeit verstehen können[77]. Zwar wird bei Förderung der Aufnahme einer unselbständigen Tätigkeit in erster Linie eine Leistung der Arbeitslosenfürsorge nach § 130 AVAVG in Betracht kommen[78], eine Hilfegewährung nach § 30 BSHG wird aber dadurch nicht vollkommen ausgeschlossen sein.

Wenn so gesehen auch chronische Trinker in abhängiger Arbeit nach § 30 BSHG Hilfe beantragen können, so wird der Kreis derjenigen

---

[75] Vgl. § 30 Abs. 2 BSHG.

[76] Vgl. BT-Drucksache S. 44; Keese I Anm. 2 zu § 30; Knopp-Biederbick Anm. 1 zu § 30.

[77] So auch Gottschick I Anm. 3 zu § 30.

[78] Vgl. Oestreicher Anm. 2 zu § 30; Keese I Anm. 2 zu § 30.

jedoch, denen Hilfe gewährt wird, dadurch wieder eingeschränkt, daß diese hilfesuchenden Trinker fachlich und persönlich für eine solche Hilfe geeignet sein müssen[79].

Die Hilfe wird in Form von Geldleistungen erbracht; es sind aber auch persönliche Hilfe oder Sachleistungen denkbar[80].

b) Schaffung von Arbeitsgelegenheiten, § 19 BSHG

Da Trinker, wenn sie eine Arbeitsstelle haben, leichter einer Heilung und einer Rehabilitation zugeführt werden können, ist es wichtig, daß Trinker, die wegen der Trunksucht ihren Arbeitsplatz verloren haben, wieder einer geregelten Arbeit nachgehen. Prüfen wir, ob für diese Trinker Hilfe nach § 19 BSHG in Frage kommt, wonach den Hilfesuchenden, die keine Arbeit finden können, nach Möglichkeit Arbeit geschaffen werden soll.

Voraussetzung ist, daß der Trinker sich um Arbeit bemüht hat. Das ergibt sich aus § 19 Abs. 1 BSHG, der nur für diejenigen Personen Hilfe vorsieht, die keine Hilfe finden „können". Das bedeutet, daß der Trinker zur Arbeit bereit sein muß. Es ist eine Tatsache, daß bei chronischen Trinkern die Trunksucht auch Arbeitsunlust hervorruft und nur ein geringer Teil der chronischen Trinker zu bewegen ist, einer geregelten Arbeit nachzugehen.

Ferner ist erforderlich, daß diese Trinker eine Arbeit nicht finden konnten, d. h. auf dem freien allgemeinen Arbeitsmarkt nicht vermittelt werden konnten[81], obwohl sich die staatliche Trinkerfürsorge intensiv bei der Vermittlung bemüht hat[82]. Von den Trinkern, bei denen zwar das erste Tatbestandsmerkmal gegeben ist, wird dieses zweite Tatbestandsmerkmal nur bei denjenigen erfüllt werden, die infolge ihres Verfalls körperlich und geistig überhaupt nicht mehr in der Lage sind, eine übliche Arbeit auszuüben. Dieser Personenkreis allein, der sehr klein ist, erfüllt die Voraussetzungen einer Hilfe nach § 19 BSHG.

Die Schaffung von Arbeitsgelegenheit kann sich in verschiedener Weise vollziehen. Das Gesetz schreibt keine bestimmte Art vor. Die staatliche Trinkerfürsorge kann selbst Träger der Maßnahmen sein oder sie Dritten überlassen. Das BSHG sieht lediglich im § 19 Abs. 2 vor, daß Gelegenheiten zu gemeinnütziger und zusätzlicher Arbeit

---

[79] Vgl. Keese I Anm. 2 zu § 30.

[80] Vgl. Gottschick I Anm. 5 zu § 30.

[81] Vgl. Eisenhauer S. 355; Gottschick I Anm. 1 zu § 19; Knopp-Biederbick Anm. 2 zu § 19.

geschaffen werden können. Ziel der Arbeit ist, dem Hilfesuchenden den Nutzen seiner Arbeit vor Augen zu führen und seine Arbeitsfreude zu heben[83]. Das gilt in besonderem Maße für Trinker.

c) Ausbildungsbeihilfe nach § 31 BSHG

Trinker müssen nach einer Heilbehandlung oft den Beruf wechseln, weil ihr bisheriger Beruf Anlaß zum Alkoholmißbrauch bot. Für jugendliche Trinker, die keinen Beruf erlernt haben, ist nach einer Heilstättenkur wichtig, daß sie einen Beruf erlernen. Für beide Trinkergruppen ergibt sich die Frage, ob sie Ausbildungsbeihilfe nach § 31 BSHG bekommen können. § 31 BSHG sieht vor, daß Ausbildungsbeihilfe für einen angemessenen Beruf zu gewähren ist, ferner für eine sonstige angemessene Tätigkeit, zum Besuch von mittleren, höheren und Fachschulen, zum Besuch von Hochschulen oder zur Teilnahme an Vorbereitungsmaßnahmen für eine spätere Ausbildung.

Nach § 32 BSHG wird die Hilfe nur gewährt, wenn der Auszubildende für den Beruf geeignet ist, die Leistungen die Gewährung der Hilfe rechtfertigen, die beabsichtigte Ausbildung fachlich notwendig ist und der Beruf voraussichtlich eine ausreichende Lebensgrundlage bietet. Im einzelnen haben die möglichen Ausbildungshilfen verschiedene Voraussetzungen, auf die hier nicht näher eingegangen werden kann[84]. Die Hilfe kommt hauptsächlich für jugendliche Trinker in Betracht, da Personen, die nach Vollendung des 25. Lebensjahres mit der Ausbildung beginnen, die Hilfe nur dann gewährt wird, wenn die Besonderheit des Falles oder die Art der Ausbildung dies rechtfertigt[85]. Diese Voraussetzungen werden nur bei einem sehr geringen Teil der jugendlichen Trinker gegeben sein. Für Trinker, bei denen die Voraussetzungen zur Erlernung eines Berufes nicht vorhanden sind, wird Hilfe zur Ausbildung zu einer „sonstigen Tätigkeit" in Frage kommen, unter der eine Tätigkeit zu verstehen ist, die nicht einem herkömmlichen Beruf entspricht, die aber dem hilfesuchenden Trinker einen seinen Fähigkeiten entsprechenden Lebensinhalt geben kann[86].

Sind die Voraussetzungen erfüllt, so ist Ausbildungsbeihilfe zu leisten. Sie umfaßt nach § 33 BSHG die erforderlichen Leistungen für den Lebensunterhalt sowie für die Ausbildung.

---

[82] Vgl. Eisenhauer S. 355.

[83] Vgl. Knopp-Biederbick Anm. 9 zu § 19.

[84] Vgl. § 32 Abs. 2 und 3 BSHG.

[85] Vgl. dazu NDV 1961, 277.

[86] Vgl. Oestreicher Anm. 11 zu § 31.

d) Hilfe zur Weiterführung des Haushalts, § 70 BSHG

Nicht selten leidet die ordnungsgemäße Führung eines Haushalts und die Erziehung der Kinder, wenn der Familienvater ein Trinker oder die Familienmutter eine Trinkerin ist. Unterzieht sich die Trinkerin einer Entziehungskur, ist die Trinkerfürsorge bestrebt, daß die geheilte Trinkerin nach ihrer Rückkehr aus der Heilstätte einen selbständigen ordentlichen Haushalt vorfindet. Zu diesem Zweck muß während der Abwesenheit der Haushalt weitergeführt werden. Eine Hilfe in dieser Richtung vermag § 70 BSHG zu geben[87]. Diese Hilfe ist von drei Voraussetzungen abhängig.

Sie wird zunächst nur Personen gewährt, die einen eigenen Haushalt führen. Das ist dann gegeben, wenn eine eigene Wohnung vorhanden ist, die den Mittelpunkt des Lebens des Hilfesuchenden und der mit ihm in häuslicher Gemeinschaft lebenden Personen bildet[88]. Bei einer Trinkerfamilie liegt diese Voraussetzung vor. Ferner muß keiner der Haushaltsangehörigen den Haushalt führen können. Diese Voraussetzung ist erfüllt, wenn in einer mehrköpfigen Trinkerfamilie die Hausfrau und Mutter wegen Trunksucht den Haushalt nicht mehr zu besorgen vermag oder wenn sie wegen der Trunksucht eine Heilstättenkur macht oder aus sonstigen Erschöpfungsgründen zur Haushaltführung nicht mehr in der Lage ist[89]. Zwar darf sich auch der Ehemann grundsätzlich nicht von vornherein weigern, den Haushalt zu führen[90], die Voraussetzungen des § 70 BSHG werden aber gegeben sein, wenn durch seine Tätigkeit außerhalb des Hauses der Familienunterhalt sichergestellt wird[91].

Die Weiterführung muß schließlich geboten sein. Das trifft auf die Weiterführung von Haushalten bei Trinkern zu. Bei einer Trinkerfamilie wird die Aufrechterhaltung des Haushaltes schon deswegen angestrebt, da allein die Familie einem Trinker Halt und Geborgenheit geben kann. Außerdem liegt die Weiterführung des Haushaltes im Interesse der Kinder[92].

In allen Fällen, in denen besonders die Mutter einer Familie eine Trinkerin ist, sind die Voraussetzungen einer Hilfe nach § 70 BSHG erfüllt. Bevor die Hilfe gewährt wird, soll jedoch die staatliche Trinkerfürsorge darauf hinwirken, daß die Hilfe durch Personen, die dem hilfesuchenden Trinker nahestehen, geleistet oder im Wege der Nach-

---

[87] Vgl. dazu Petersen, Hans, in BlWPfl 1961, 257; NDV 1962, 9.

[88] Vgl. Knopp-Biederbick, Anm. 3 zu § 70.

[89] BT-Drucksache S. 49; Gottschick I Anm. 3 b zu § 70; Sorg S. 13.

[90] Vgl. Knopp-Biederbick, Anm. 5 zu § 70.

[91] Vgl. Gottschick I Anm. 3 b zu § 70.

[92] Vgl. Knopp-Biederbick, Anm. 6 zu § 70; Gottschick I Anm. 3 c zu § 70.

barschaftshilfe übernommen wird. Die Hilfe umfaßt Betreuung der Familienmitglieder, Beaufsichtigung und Erziehung der Kinder sowie alle sonstigen zur Weiterführung des Haushalts erforderlichen Tätigkeiten[93].

3. Hilfe zum Lebensunterhalt, § 11 BSHG

In vielen Fällen reichen Gesundheitshilfe und die bisher besprochenen wirtschaftlichen Hilfen jedoch nicht aus, um dem Trinker in umfassender Weise wirtschaftlich zu helfen. Es ist bei ihm ferner nötig, daß auch rein wirtschaftliche Hilfe in Form von Geld und Sachleistungen erbracht wird. In diesen Fällen kommt § 11 BSHG in Betracht, wonach Hilfe zum Lebensunterhalt gewährt wird. Da bei Trinkern, die sich in einer Anstalt oder in einem Heim befinden, die Anstaltshilfe auch die Hilfe zum Lebensunterhalt umfaßt[94], beschränken wir uns hier auf die in ambulanter Behandlung befindlichen Trinker.

Voraussetzung einer Hilfe nach § 11 BSHG ist, daß dem hilfesuchenden Trinker der notwendige Lebensunterhalt fehlt. Es genügt allerdings schon, daß der notwendige Lebensunterhalt nicht mehr ausreichend gesichert ist. Wann das der Fall ist, hängt vom Begriff des notwendigen Lebensunterhalts ab. Dieser bemißt sich sowohl nach subjektiven und objektiven Kriterien sowie nach der Verkehrssitte[95]. Im einzelnen stellt der Sozialhilfeträger die Bedürftigkeit in einer Berechnung fest, in der auf der einen Seite der Bedarf und auf der anderen Seite das anrechnungsfähige Einkommen im Sinne der §§ 76—78 BSHG eingesetzt werden[96]. Diese Tatbestandsvoraussetzung erfüllen in der Regel die chronischen Trinker, die ohne geregelte Arbeit sind und damit über kein Einkommen verfügen. Sie sind häufig ohne Bleibe, da ihnen mangels Zahlungsfähigkeit die Wohnung gekündigt worden ist. Trinker im Stadium der einfachen Trunksucht dagegen erfüllen in der Regel diese Voraussetzungen nicht, da diese gewöhnlich noch arbeiten und bei arbeitenden Personen vermutet wird[97], daß sie durch ihre Arbeit die notwendigen finanziellen Mittel für den Lebensunterhalt aufbringen können.

Die Hilfegewährung nach § 11 BSHG erfordert ferner, daß der hilfesuchende Trinker seine eigenen Kräfte eingesetzt hat, bevor er Hilfe in Anspruch nimmt. Dazu zählt, daß er den Lebensbedarf durch

---

[93] Vgl. Petersen, Hans, in BlWPfl 1961, 258.

[94] Vgl. § 27 Abs. 3 BSHG.

[95] Vgl. Gottschick I Anm. 1 und 7 zu § 12.

[96] Vgl. Sorg S. 11; NDV 1961, 357.

[97] Vgl. BVerwG in VerwRechtspr 13, 114.

eigene Arbeit zu verdienen versucht hat[98]. Das gilt freilich nur für zumutbare Arbeit[99]. Man hat hierbei zu beachten, daß zwar einerseits darauf hinzuwirken ist, daß die notwendige Selbstverantwortung nicht verkümmert, daß aber andererseits auch nicht kleinlich verfahren wird. So wird man Personen, die das 60. Lebensjahr überschritten haben oder Müttern im Interesse der Kinder Arbeit nicht zumuten[100]. Im Gegensatz zum ersten Tatbestandsmerkmal wird dieses zweite nur von einem geringen Teil chronischer Trinker erfüllt. Es handelt sich bei ihnen um die wenigen arbeitsunfähigen Trinker, die ambulant behandelt und betreut werden. In Betracht kommt diese Hilfe aber eben auch für trunksüchtige Mütter, die noch minderjährige Kinder zu erziehen haben und kein anderes Einkommen haben.

4. Hilfe für Gefährdete, §§ 72, 73 Abs. 1 BSHG

Alle bisher genannten Hilfearten zielen nur auf die Behebung gesundheitlicher oder wirtschaftlicher Notstände bei Trinkern ab. Wir wissen aber, daß die Notlage der Trinker auch darin besteht, daß sie durch die großen physischen, psychischen und sozialen Schäden häufig jeden sozialen Kontakt verloren haben, außerhalb der mitmenschlichen Beziehungen stehen und die im Leben der Gemeinschaft geforderten Sozialleistungen nicht mehr erbringen können. Sie sind oft nicht mehr in der Lage, sich allein ohne Hilfe der Allgemeinheit im Leben zurechtzufinden. Sie sind sozial hilflos und bedürfen der fürsorgerischen Hilfe der Allgemeinheit. Die Trunksucht ist so gesehen daher nicht nur ein medizinisches und wirtschaftliches, sondern in großem Maße auch ein sozialpsychologisches Problem. Da die Ursachen der Trunksucht weithin in der Persönlichkeitsstruktur der Trinker zu suchen sind, kommt es entscheidend darauf an, daß im Rahmen einer zielbewußten und den Gesundungswillen fördernden Heilbehandlung Hilfe auch an der ganzen Persönlichkeit des Trinkers geschieht, die die verschütteten eigenen Kräfte zur Lebensführung wieder zur Mitarbeit zu bringen hat. Erst eine solche weitgreifende Hilfe kann die für den Trinker nötige Lebenshilfe sein, die er braucht, um den Weg zu einem geordneten Leben zurückzufinden. Die Möglichkeit einer solchen weitreichenden Hilfe bietet das erstmalig ins Fürsorgerecht aufgenommene Rechtsinstitut der Gefährdetenhilfe. Prüfen wir, ob und inwieweit auch dem Trinker daraus Hilfe gewährt werden kann.

Von Bedeutung ist zunächst § 72 Abs. 1 BSHG, der als Sollvorschrift gefaßt ist. Hiernach ist der Kreis derjenigen Personen, die Gefähr-

---

98 Vgl. Eisenhauer S. 354; Keese I Anm. 3 zu § 11.

99 Vgl. § 18 Abs. 3 BSHG.

100 Vgl. Eisenhauer S. 355; Weller in BlWPfl 1961, 233.

detenhilfe erhalten, altersmäßig begrenzt. Zwar bestimmt § 72 Abs. 1 BSHG, daß als Gefährdete nur Personen in Frage kommen, die das 18. Lebensjahr vollendet haben, diese Regelung ist aber durch Art. XII Nr. 2 des Gesetzes zur Änderung und Ergänzung des RJWG vom 11. 8. 1961[101] insofern geändert worden, als nunmehr die Altersgrenze auf das vollendete 20. Lebensjahr festgelegt ist.

Es erhält weiter nur derjenige Gefährdetenhilfe, der Gefährdeter im Sinne des BSHG ist. Nach § 72 Abs. 1 BSHG sind das diejenigen Personen, die aus Mangel an innerer Festigkeit ein geordnetes Leben in der Gemeinschaft nicht führen können. Für die Gewährung der Gefährdetenhilfe ergibt sich daher zunächst, daß der Hilfesuchende unfähig sein muß, ein geordnetes Leben in der Gemeinschaft zu führen. Wann das der Fall ist, läßt sich nicht ohne weiteres beantworten, da Inhalt und Grenzen des Begriffs „geordnete Lebensführung" keineswegs leicht faßbar sind. So führen diejenigen Personen, deren Lebensstil und Lebenshaltung sich deutlich von dem der Allgemeinheit abhebt, sicher noch kein „ungeordnetes" Leben. Auch führt andererseits derjenige kein „geordnetes Leben", der den Frieden und die Ordnung nicht allzu sehr stört. Der Versuch, eine allgemeine Bestimmung dessen zu finden, was als „geordnete Lebensführung" anzusehen ist, wird immer an der Tatsache scheitern, daß die menschliche Gesellschaft innerhalb eines Staates komplex ist und alle möglichen Substrukturen mit ihren eigenen Vorstellungen von einem geordneten Leben aufweist[102]. Wann eine Lebensführung als geordnet anzusehen ist, bestimmt sich vielmehr nach den jeweiligen allgemeinen Lebensanschauungen, Vorstellungen von Anstand und Sitte desjenigen sozialen Lebenskreises, aus dem der Gefährdete selbst kommt[103]. Da die Vorstellungen von einem geordneten Verhalten in der Gesellschaft einem ständigen Wandel unterworfen sind, ändern sich auch die Anschauungen von einem geordneten Leben. Kennzeichen eines ungeordneten Lebens ist im allgemeinen die ungeregelte Lebensführung, die häufig darin besteht, daß der Gefährdete keiner regelmäßigen Arbeit nachgeht. Nach übereinstimmender Meinung im Schrifttum[104] ist aber auch Trunksucht Ausdruck ungeordneter Lebensführung. Man wird hierbei nicht nur an die chronische Trunksucht, sondern auch an die einfache Trunksucht zu denken haben.

---

[101] Vgl. BGBl I S. 1193.

[102] Vgl. Schnapp S. 9.

[103] Vgl. Gottschick I Anm. 3 zu § 72; Petersen, Käthe I S. 259; NDV 1961, 364.

[104] Vgl. Keese I Anm. 1 zu § 72; Krasney, Ernst I S. 19; Kursawe S. 293; Mayer II S. 153; Mergler Anm. 1 zu § 72; Oestreicher Anm. 4 zu § 72; Petersen, Käthe I S. 259; NDV 19961, 364.

Für die Hilfegewährung ist ferner nötig, daß der Trinker ein geordnetes Leben in der Gemeinschaft aus Unfähigkeit nicht führen kann. § 72 BSHG erfaßt daher nur die Fälle, in denen ein Hilfesuchender zwar ein geordnetes Leben gern führen möchte, aber einfach nicht in der Lage ist, dieses Ziel zu erreichen. Es scheiden damit diejenigen Personen von vornherein aus, die ein geordnetes Leben zu führen imstande sind, es aber absichtlich — aus welchen Motiven heraus sei dahingestellt — nicht wollen[105]. Für die Trunksucht ist es geradezu kennzeichnend, besonders bei der chronischen Trunksucht, daß der von ihr Befallene die Fähigkeit verloren hat, auf Alkoholgenuß im Übermaß zu verzichten. Im Gefolge der Trunksucht werden sie unfähig, die zur Daseinsbewältigung erforderlichen sozialen Handlungen aus eigener Kraft vorzunehmen. Bei Trinkern ist daher auch dieses Tatbestandsmerkmal gegeben, allerdings trifft das in der Mehrzahl der Fälle nur auf chronische Trinker zu.

Die Hilfe kann schließlich nur dann gewährt werden, wenn die Unfähigkeit auf einem Mangel an innerer Festigkeit beruht. Bei der Auslegung dieses Tatbestandsmerkmals wird allgemein[106] davon ausgegangen, daß es sich hier vorwiegend um Willensmängel handele. Man wird aber ferner auch andere Mängel zu berücksichtigen haben, wenn dadurch eine Unsicherheit in der Beurteilung der Lebenslage und damit auch der Lebensführung verursacht wird, die die Unfähigkeit zur Führung eines geordneten Lebens zur Folge hat[107]. Da es sich um Mängel an innerer Festigkeit handeln muß, scheiden die Fälle aus, bei denen die Gefährdung auf äußeren Umständen beruht[108]. Bei Trinkern wird man sehr häufig Umstände feststellen können, die die Unfähigkeit der Trinker zur Führung eines geordneten Lebens bedingen. Es liegt daher in der Regel bei Trinkern auch diese dritte Voraussetzung vor[109].

Aufgabe der Gefährdetenhilfe ist es nach § 72 BSHG, den Gefährdeten an ein geregeltes Leben zu gewöhnen, wobei die Gewöhnung an regelmäßige Arbeit zunächst in Betracht kommt. Da allerdings die Gewöhnung an regelmäßige Arbeit nicht immer eine Einordnung in die Gemeinschaft bedeutet, ist es ferner erforderlich, den Trinker davon zu überzeugen, daß seine Lebensführung wieder von sozialer Verantwortung bestimmt wird. Im Einzelfall kommt es darauf an, die innere Festigkeit des Gefährdeten zu stärken und ihm einen festen Lebenskreis, gegebenenfalls durch Stützung durch andere Menschen,

---

105 Vgl. Gottschick I Anm. 3 zu § 72.

106 Vgl. Knopp-Biederbick Anm. 3 zu § 72; Mergler Anm. 1 und 2 zu § 72; Petersen, Käthe I S. 259.

107 So Petersen, Käthe I S. 259.

108 Vgl. Gottschick I Anm. 4 zu § 72; Kursawe S. 292; BT-Drucksache S. 50.

109 Vgl. BT-Drucksache S. 50.

zu schaffen[110]. Er ist zu eigenverantwortlicher Mitarbeit zu bringen[111], was nicht bedeuten darf, daß der Trinker zu einem bestimmten Menschenbild hinzukorrigieren ist[112]. Dieses Ziel läßt sich nicht allein durch medizinische und wirtschaftliche Hilfe erreichen. Die Gefährdetenhilfe erfordert daher im wesentlichen auch persönliche Hilfe, die überwiegend Beratung und sozialpädagogische Betreuung ist[113]. Für das Einsetzen der Hilfe gelten die allgemeinen Bestimmungen der §§ 5 und 6 BSHG. Die Gefährdetenhilfe soll hauptsächlich als ambulante Hilfe gewährt werden. Dieser Vorrang der ambulanten Gefährdetenhilfe kommt im § 73 Abs. 1 BSHG zum Ausdruck. Danach soll Anstaltshilfe erst dann durchgeführt werden, wenn andere Arten nicht ausreichen. Da vor allem die freien Wohlfahrtsverbände die Gefährdetenfürsorge intensiv betreiben, sind sie zur Durchführung der ambulanten Trinkerfürsorge in besonderer Weise berufen[114].

Wegen der Eigenart der Trunksucht ist eine wirksame Hilfe oft nur dann möglich, wenn der Trinker in einer Heilstätte für eine gewisse Zeit betreut wird. Im fürsorgerischen Gespräch sind die Trinker daher dahin zu lenken, freiwillig eine Heilstätte aufzusuchen.

Im ganzen gesehen bietet das Institut der Gefährdetenhilfe weitreichende Möglichkeiten, dem Trinker zum Zwecke der Heilung und Rehabilitierung alle nach dem Stand der Erfahrung und Forschung möglichen Hilfen zu gewähren. Durch sie bietet sich zum ersten Mal die Möglichkeit, Trinker nicht nur gesundheitlich und wirtschaftlich zu unterstützen, sondern ihnen auch individuelle Lebenshilfe zu gewähren.

5. *Hilfe in anderen besonderen Lebenslagen, § 27 Abs. 2 BSHG*

Bisher war von typischen, immer wiederkehrenden Notständen bei Trinkern die Rede. Es gibt aber auch Notlagen, die Hilfe erfordern, die im Katalog der Hilfen in besonderen Lebenslagen und bei der Hilfe zum Lebensunterhalt nicht vorgesehen sind. Dennoch besteht auch in diesen Fällen die Möglichkeit, Trinkern zu helfen. Um die Gewährung von Hilfen auch in sonstigen, vom Gesetz im einzelnen nicht erfaßten Fällen zu ermöglichen, ist im § 27 Abs. 2 BSHG bestimmt, daß auch in den ausdrücklich nicht erwähnten Fällen einer sozialen Notlage Hilfe gewährt werden kann[115]. Als Voraussetzung ist lediglich

---

[110] Vgl. Gottschick I Anm. 6 zu § 72.
[111] Vgl. Petersen, Käthe I S. 261; Schnapp S. 9 f.
[112] Vgl. Schnapp S. 9.
[113] Vgl. BT-Drucksache S. 50.
[114] Vgl. Kursawe S. 292; Petersen, Käthe I S. 262.
[115] Vgl. BT-Drucksache S. 34.

erforderlich, daß die Hilfegewährung den Einsatz öffentlicher Mittel rechtfertigen muß. Es ist bekannt, daß die Schäden und damit die aufzuwendenden Beträge zur Beseitigung der Trunksucht oder deren Schäden desto größer werden, je später die Hilfe einsetzt. Jede frühzeitige Heilbehandlung von Trinkern rechtfertigt daher den Einsatz öffentlicher Mittel immer, soweit die Behandlung nach ärztlichem Urteil notwendig ist. Die Trinker können daher auch auf Grund dieser Rechtsgrundlage Hilfe bekommen. Diese Vorschrift eröffnet als Auffangvorschrift für die Trinkerfürsorge ebenso wie die Gefährdetenhilfe vielseitige Möglichkeiten der Hilfe.

Zusammenfassend läßt sich sagen, daß von den verschiedenen Arten der Sozialhilfe, die nach dem BSHG gewährt werden können, eine Vielzahl auch für Trinker in Betracht kommt. Sie sind zwar im einzelnen hinsichtlich ihrer rechtlichen Durchsetzbarkeit unterschiedlich, insgesamt gesehen bieten sie jedoch umfassendste Möglichkeiten der Hilfe.

B. Durch die freiwillige Inanspruchnahme der staatlichen und privaten Trinkerfürsorge entstehende Rechtsfragen

Werden die im vorigen Abschnitt behandelten gesetzlichen Möglichkeiten der Sozialhilfe freiwillig in Anspruch genommen, ergeben sich ebenso wie bei der freiwilligen Inanspruchnahme von Leistungen der privaten Trinkerfürsorge eine Reihe von Rechtsfragen, die einzeln zu untersuchen sind. Wenn wir uns zunächst den Fragen im Bereich der staatlichen Trinkerfürsorge zuwenden wollen, so interessiert uns hier vor allem, was für ein Rechtsverhältnis durch die freiwillige Inanspruchnahme von Sozialhilfeleistungen entsteht, was sein Wesen und seinen Inhalt ausmacht und wie es seine Abwicklung findet.

I. Rechtsfragen im Bereich der staatlichen Trinkerfürsorge

1. Begriff, Entstehung und Dauer des Sozialhilferechtsverhältnisses

Die durch die Inanspruchnahme der Leistungen der Sozialhilfe zwischen dem Trinker und den Trägern der Sozialhilfe entstehenden Rechtsbeziehungen können zusammengenommen als Sozialhilferechtsverhältnis bezeichnet werden. Es ist auf Grund der ihm zu Grunde liegenden Rechtsbeziehungen öffentlich-rechtlicher Natur und ist, da es auf einem Teilgebiet der öffentlichen Verwaltung, im Bereich der Fürsorge, entsteht, als ein Unterfall des allgemeinen Verwaltungsrechtsverhältnisses[1] zu betrachten.

---

[1] Vgl. dazu Forsthoff S. 162 ff.

Das Sozialhilferechtsverhältnis entsteht, wenn die Trinkerfürsorgeträger tätig werden. Im Gegensatz zur praktischen Behandlungsdurchführung, bei der Beziehung zwischen Trinker und Trinkerfürsorge erst dann entstehen, wenn der Trinkerfürsorger in die Wohnung oder der Trinker ins Gesundheitsamt kommt, ist so der Beginn des Sozialhilferechtsverhältnisses früher, bereits dann gegeben, wenn sich nach Kenntnisnahme vom Vorliegen eines Trunksuchtsfalles die Pflicht zum Tätigwerden ergibt. Die zu treffenden Entscheidungen der Trinkerfürsorgebehörden sind Verwaltungsakte; sie können, da es im Verwaltungsrecht keine allgemeinen Bestimmungen über die Form der Verwaltungsakte gibt, mündlich oder durch konkludente Handlungen erfolgen[2].

Das Sozialhilferechtsverhältnis besteht so lange, wie ein Bedürfnis nach Betreuung besteht. Darüber hinaus können aber Rechtsbeziehungen, die sich aus dem Sozialhilferechtsverhältnis herleiten, insoweit bestehen, als Haftungsansprüche aus dem Sozialhilferechtsverhältnis gegeben sind.

2. *Wesen und Inhalt des Sozialhilferechtsverhältnisses*

a) Zum Wesen des Sozialhilferechtsverhältnisses

Dadurch, daß von den staatlichen Trägern der Trinkerfürsorge den einzelnen Staatsbürgern aus der Gesamtverantwortung des Staates heraus für seine Staatsbürger im Rahmen der Daseinsvorsorge Sozialhilfe gewährt wird, wird wie bei jedem anderen Verwaltungsrechtsverhältnis ein Hoheitsverhältnis begründet, bei dem sich Fürsorgeträger und hilfsbedürftige Trinker im Verhältnis der Über- und Unterordnung gegenüberstehen. Das Hoheitsverhältnis tritt jedoch im Bereich der Trinkerfürsorge im Falle einer freiwilligen Inanspruchnahme nicht so sehr in Erscheinung, da die Trinkerfürsorge als Teil der gewährenden und leistenden Verwaltung nur Aufgaben betreuender Art erfüllt, die geeignet sind, die Kluft zwischen Über- und Unterordnung zu überwinden[3].

b) Gegenstand und Aufgabe der Sozialhilfeleistungen

Gegenstand der Sozialhilfeleistungen sind die verschiedenen Arten der Sozialhilfe, die wir oben daraufhin überprüft haben, welche von ihnen für Trinker in Betracht kommen können. Es konnte dabei aufgezeigt werden, in welcher rechtlichen Form und Ausgestaltung sowie mit welcher rechtlichen Durchsetzbarkeit diese rechtlichen Möglichkeiten gefaßt bzw. ausgestattet sind. Wenn auch die gesetzlich nor-

---

[2] Vgl. Forsthoff S. 200.
[3] Vgl. Schellhorn S. 21; ferner BGH in NJW 1957, 1873.

mierten Tatbestände der einzelnen Leistungsarten nicht alle jene helfenden, sich einer gesetzlichen Normierung entziehenden Funktionen beinhalten können, da die eigentliche Begegnung zwischen Hilfesuchendem und seinem Helfer niemals Gegenstand gesetzlicher Verpflichtung sein kann und sich somit aus dem Wesen der Hilfe an sich für deren gesetzliche Regelung Grenzen ergeben[4], so bieten die Tatbestände des BSHG den erforderlichen Rahmen für jede nur denkbare gesundheitliche, wirtschaftliche, soziale, persönliche und nicht zuletzt finanzielle Hilfe für die Behandlung und Betreuung der Trinker.

Aufgabe der Sozialhilfe für Trinker ist es nach § 1 Abs. 2 BSHG, dem Trinker die Führung eines menschenwürdigen Lebens zu ermöglichen. Die Hilfeleistungen sollen den Trinker so weit wie möglich befähigen, unabhängig von ihr zu leben. Die Aufgabenstellung im § 1 Abs. 2 Satz 1 BSHG knüpft damit bewußt an Art. 1 Abs. 1 GG an, wonach die Würde des Menschen unantastbar und von aller staatlichen Gewalt zu achten und zu schützen ist. Zwar gewährt § 1 Abs. 2 BSHG keinen direkten Anspruch auf Gewährung bestimmter Leistung, er ist jedoch als sozialethischer Grundsatz[5] für die Auslegung und Bemessung der einzelnen Sozialhilfearten von großer Bedeutung[6].

c) Die Beteiligten des Sozialhilferechtsverhältnisses

Als Beteiligte des Sozialhilferechtsverhältnisses kommen nur diejenigen in Frage, die fähig sind, Träger von Rechten und Pflichten zu sein. Das sind die Träger der Sozialhilfe in ihrer jeweils örtlichen und sachlichen Zuständigkeit einerseits sowie die Trinker andererseits. Als Beteiligte sind ferner auch die anderen Träger anzusehen, die der an sich zur Erfüllung der Sozialhilfegewährung verpflichtete Träger heranziehen kann. Wenn man davon absieht, daß jeder der Beteiligten gewisse Rechte und Pflichten hat, die man als Nebenpflichten bezeichnen kann, ist Hauptverpflichteter der jeweils örtlich und sachlich zuständige Träger, der Hilfe gewähren muß, und Hauptberechtigter der Trinker, der Empfänger der Hilfe ist.

d) Das Wahlrecht des Trinkers

Das zwischen den Trinkern und den Trägern staatlicher Trinkerfürsorge bestehende Sozialhilferechtsverhältnis ist ferner dadurch gekennzeichnet, daß dem Trinker in gewisser Weise insofern ein Wahlrecht eingeräumt worden ist, als nach § 3 Abs. 2 BSHG bei der Gestaltung der Hilfe den Wünschen des Trinkers entsprochen werden soll.

---

[4] Vgl. zu den Grenzen der rechtlichen Positivierbarkeit fürsorgerischer Hilfe Klein I S. 378.
[5] Vgl. Mergler Anm. 5 zu § 1.
[6] Vgl. Gottschick I Anm. 3 zu § 1; Knopp-Biederbick Anm. 4 zu § 1.

Wenn der Trinker damit auch keinen Anspruch auf eine entsprechende Ausgestaltung der Hilfe hat, so kommt der Bestimmung jedoch infolge der strengen Anforderungen an Soll-Bestimmungen in der Praxis nahezu die Bedeutung einer Muß-Bestimmung zu.

Das Wahlrecht ist jedoch dadurch begrenzt, daß den Wünschen des Trinkers nur dann entsprochen werden soll, wenn die Wünsche angemessen und keine unvertretbaren Mehrausgaben im Vergleich zu anderen Fällen erforderlich sind[7]. Die Wünsche sind angemessen und vertretbar, wenn z. B. bei einer Anstaltsbehandlung die gewünschte Anstalt nach der Art der Trunksucht des Trinkers geeignet ist und die gewünschte Hilfe zur Erreichung des Ziels notwendig ist. Nach objektiven Maßstäben muß ein gesundes Verhältnis zwischen den aufzuwendenden Mitteln und Maßnahmen einerseits und den persönlichen Verhältnissen andererseits gegeben sein[8]. Sind diese Voraussetzungen erfüllt, wird den Wünschen entsprochen werden müssen. Unzulässig ist es auf jeden Fall, dem Trinker mit dem Entzug jeder Hilfe zu drohen, wenn er nicht eine bestimmte Anstalt aufsucht[9].

Diese eben skizzierte Begrenzung des Wahlrechts wirkt sich insbesondere bei Heilstättenunterbringungen aus. Da die staatliche Trinkerfürsorge nur in ganz geringem Umfange über Trinkerheilstätten verfügt, ergibt sich auf dem Sektor der Anstaltspflege und Anstaltsunterbringungen zwangsläufig ein Vorrang der privaten Trinkerfürsorge. Ein Trinker kann in einem solchen Falle nicht verlangen, daß er in staatlichen Heilstätten untergebracht wird, wenn es zwar solche gibt, wenn diese jedoch hinreichend belegt sind und neue Plätze nur mit großen Mehrkosten in unvertretbarer Weise geschaffen werden müßten. Im allgemeinen ist aber, wie bereits erwähnt, den Wünschen des Trinkers zu entsprechen. Möchte der Trinker so von der staatlichen Trinkerfürsorge Hilfe gewährt bekommen, ist das zu respektieren. Das gilt in gleicher Weise für den Fall, daß der Trinker von einem Verband der privaten Trinkerfürsorge behandelt werden möchte. Die staatliche Trinkerfürsorge hat dann von der Durchführung eigener Maßnahmen Abstand zu nehmen, es sei denn, es handelt sich um Eilfälle, bei denen Hilfe durch die staatliche Trinkerfürsorge dringend nötig sein kann[10]. Die staatliche Trinkerfürsorge hat mit demjenigen Verband in Verbindung zu treten, der ihr vom Hilfesuchenden benannt wird. Da die staatliche Trinkerfürsorge nicht verpflichtet ist, den hilfesuchenden Trinker an einen anderen Verband der freien Wohlfahrtspflege zu verweisen, kann die Durchführung der Hilfe gegen den Willen des

[7] Vgl. Collmer in NDV 1960, 374; Schellhorn S. 24.
[8] Vgl. Knopp-Biederbick Anm. 5 zu § 3; Mergler Anm. 3 zu § 3.
[9] Vgl. Schellhorn S. 24.
[10] Vgl. Knopp-Biederbick Anm. 6 zu § 10.

Trinkers grundsätzlich nicht einem vom Trinker nicht gewünschten Verband zugeschoben werden[11]. Das schließt allerdings nicht aus, daß der Trinker zunächst auf die freien Verbände hinzuweisen ist[12]. § 3 Abs. 2 BSHG ist auf keinen Fall so auszulegen, daß eine Entscheidung des hilfesuchenden Trinkers zu Gunsten des Sozialhilfeträgers bereits darin gesehen wird, daß der Trinker die staatliche Trinkerfürsorgestelle aufsucht[13]. Das ist abzulehnen, weil für die Beurteilung dessen, in welche Richtung der Wunsch des Hilfesuchenden geht, eine deutliche Kundbarmachung des Willens des Trinkers erforderlich ist.

Neben der Trägerschaft einer etwaigen Hilfe können auch andere Wünsche Berücksichtigung finden wie der Wunsch auf Verbleiben im gewohnten Lebenskreis, auf Betreuung durch einen bestimmten Trinkerfürsorger[14]. Aus dem Wahlrecht des § 3 Abs. 2 BSHG sowie aus der Zuerkennung eines subjektiv-öffentlichen Rechtes auf einige Sozialhilfearten wird man ferner schließen müssen, daß der Sachbearbeiter der Fürsorge den Trinker auf sein Wunschrecht hinzuweisen hat[15] und daß der Trinker, bevor über die zu treffende Maßnahme entschieden wird, ein Recht auf Gehör hat[16]. Ein weiteres Recht, das über den Rahmen des § 3 Abs. 2 BSHG hinausgreift, ist das in § 37 Abs. 3 und 4 BSHG festgelegte Recht der freien Arztwahl für den Fall der Krankenhilfe. Damit sind Umfang und Grenzen des Wahlrechts, das das Sozialhilferechtsverhältnis in wesentlicher Weise kennzeichnet, angedeutet.

3. *Abwicklung des Sozialhilferechtsverhältnisses*

Nachdem wir Entstehung und Dauer sowie Wesen und Inhalt des zwischen dem Trinker und der Trinkerfürsorge entstehenden Sozialhilferechtsverhältnisses zu erörtern versucht haben, bleibt nun noch zu klären, in welcher Weise die Sozialhilfegewährung durchgeführt wird und welche Rechtsfragen dabei auftreten, kurz, wie das Sozialhilferechtsverhältnis seine Abwicklung findet.

a) Erfüllung und Haftung bei Durchführung der Sozialhilfe durch staatliche Träger

Soweit es ihnen möglich ist, bemühen sich die staatlichen Träger der Trinkerfürsorge, die Gewährung der Sozialhilfe selbst durch-

[11] Vgl. Klein I S. 380; Schellhorn-Jirasek-Seipp S. 30.
[12] So bestimmt § 8 Abs. 2 BSHG für den Fall, daß Beratung in sonstigen sozialen Angelegenheiten auch von Verbänden der freien Wohlfahrtspflege wahrgenommen wird, daß der Hilfesuchende zunächst darauf zu verweisen ist.
[13] Diese Meinung hat Tuercke in SozArb 1962, 59 vertreten.
[14] Vgl. Gottschick I Anm. 5 zu § 13.
[15] Vgl. Mergler Anm. 3 zu § 3.
[16] Vgl. Schellhorn S. 7, 22; EuG 7, 104 = NDV 1957, 366.

zuführen. Das geschieht im Bereich der ambulanten Trinkerfürsorge durch den Trinkerfürsorgedienst und gegebenenfalls durch den Amtsarzt des Gesundheitsamtes. Die stationäre Trinkerfürsorge kann dagegen nur da durchgeführt werden, wo dem Träger eigene Einrichtungen zur Verfügung stehen. Das sind in der Regel psychiatrische Kliniken. Da diese Anstalten keine rechtsfähigen, selbständigen Rechtsgebilde sind, vielmehr deren Träger mit den Stadt- und Landkreisen identisch sind, handelt es sich durchweg um Anstalten der Stadt- und Landkreise[17].

Wird ein Trinker in eigenen Anstalten der staatlichen Träger aufgenommen, kommt, da die Stadt- und Landkreise als Anstaltsträger mit sich in ihrer Eigenschaft als Sozialhilfeträger keine Verträge schließen können, kein Vertrag zwischen dem Trinker und den staatlichen Trägern zustande. Der Trinker tritt in ein öffentlich-rechtliches Verhältnis zum Anstaltsträger[18]. Die Träger der Sozialhilfe erfüllen ihre Sozialhilfepflicht unmittelbar ohne Einschaltung Dritter[19]. Die staatlichen Träger haben ihre Verpflichtung erfüllt, wenn die Gewährung der einzelnen Hilfen beendet ist.

Im Gegensatz zu dieser allgemeinen rechtlichen Beurteilung ist allerdings bezüglich etwaiger entstehender Haftungsansprüche davon auszugehen[20], daß zwischen dem Trinker und dem Anstaltsträger insoweit doch vertragsähnliche Beziehungen bestehen und daß bei fehlerhafter Behandlung nicht etwa nach Amtshaftungsgrundsätzen gehaftet wird, sondern im Rahmen einer entsprechenden Anwendung des § 278 BGB[21]. Das hat seine Begründung darin, daß die staatlichen Träger nicht für die Sicherstellung und sogleich für die Durchführung der Sozialhilfe, sondern lediglich für die Sicherstellung eine öffentlich-rechtliche Pflicht trifft. Gewährt so beispielsweise ein staatlicher Träger in eigenen Anstalten Krankenhilfe, erschöpft sich die öffentlich-rechtliche Verpflichtung darin, daß die finanziellen Mittel dafür zur Verfügung gestellt werden. Dafür haftet der staatliche Träger der Trinkerfürsorge öffentlich-rechtlich. Für die weitere sachgemäße Behandlung in der Krankenanstalt haftet dann zwar der staatliche Träger auch, jedoch nicht mehr als Träger der Sozialhilfe nach § 839 BGB i. V. m. Art. 34 GG. Als Anstaltsträger haften die staatlichen Träger dann vielmehr

---

17 Vgl. Schellhorn S. 17.

18 Vgl. RGZ 112, 293; BGH in NJW 1952, 383 f.; Klein I S. 382; Schellhorn S. 18.

19 Vgl. BGH in NJW 1952, 383 f.; Schellhorn S. 18.

20 Im Rahmen dieser Arbeit kann nur auf entstehende Haftungsfragen hingewiesen werden.

21 Vgl. BGH in NJW 1952, 384; Geigel S. 671, 673.

nur für das Verschulden ihrer Hilfspersonen[22] nur entsprechend § 278 BGB, da die Behandlung keine hoheitliche Tätigkeit mehr darstellt. Neben dieser vertragsähnlichen Haftung entsprechend § 278 BGB kommen ferner Haftungsansprüche nach §§ 823 ff. BGB in Betracht.

b) Erfüllung und Haftung bei Übertragung der Durchführung der Sozialhilfe auf Träger der privaten Trinkerfürsorge

Da die staatlichen Träger der Trinkerfürsorge ohne die Hilfe anderer Träger ihre Pflicht nicht hinreichend erfüllen können, ziehen die an sich zur Gewährung der Sozialhilfe zuständigen staatlichen Träger die Träger der privaten Trinkerfürsorge heran. Wenn wir bereits bei der Erörterung der Trägerschaft der Trinkerfürsorge sahen, daß eine solche Übertragung rechtlich zulässig und vorgesehen ist[23], so ist jetzt noch zu erörtern, wie in solchen Fällen die Sozialhilfeträger ihre Leistungspflicht erfüllen.

Auszugehen ist von § 10 Abs. 5 BSHG. Danach ist der staatliche Träger dem hilfsbedürftigen Trinker weiterhin verantwortlich. Träger der Sozialhilfegewährung bleibt daher nach wie vor der staatliche Träger. Die Übertragung bringt keine Kompetenzverschiebung mit sich. Lediglich die Durchführung wird im Innenverhältnis zwischen privatem Träger und staatlicher Trinkerfürsorge übertragen[24].

Grundsätzlich wird der Trinker zur Behandlungsdurchführung eingewiesen. Grundlage der Einweisung ist ein Vertrag, der zwischen dem staatlichen und dem privaten Träger geschlossen wird. Er ist als ein unechter Vertrag zu Gunsten Dritter im Sinne des § 328 Abs. 2 BGB anzusehen[25]. Für die Annahme eines solchen unechten Vertrages zu Gunsten Dritter spricht, daß § 10 Abs. 5 BSHG so gefaßt ist, daß im Falle der Übertragung der Hilfsbedürftige Ansprüche allein gegen den staatlichen Träger geltend machen können soll. Durch die Übertragung soll kein weiterer Anspruch etwa als Anspruch des Hilfsbedürftigen selbst entstehen. Aus den gesamten Umständen einer solchen Übertragung ist zu schließen, daß der private Träger außer der vertraglichen Verpflichtung gegenüber dem staatlichen Träger sich darüber hinaus nicht auch noch dem Hilfsbedürftigen selbst rechtlich verpflichtet wissen will. Der zwischen dem privaten und dem staatlichen Träger abgeschlossene Vertrag bedarf keiner Form. Er kommt zustande, wenn der private Träger sich gegenüber dem staatlichen Träger einverstanden

---

22 In Frage kommen Ärzte, sonstige medizinische Hilfskräfte und die Verwaltungsangestellten.

23 Vgl. S. 58 f. der Arbeit.

24 Vgl. Knopp-Biederbick Anm. 8 zu § 10.

25 Vgl. Klein I S. 382.

erklärt hat. Das kann ausdrücklich oder aber durch schlüssige Handlung geschehen. Der Vertrag stellt sich als Dienstvertrag dar, dem eine Geschäftsbesorgung zu Grunde liegt, so daß § 675 BGB und teilweise die Auftragsbestimmungen der §§ 662 ff. BGB Anwendung finden[26]. Für den Inhalt des Vertrages sind gewöhnlich besondere Ordnungen maßgebend[27], die, wenn nicht im Einzelfall Abweichendes vereinbart worden ist, grundsätzlich Vertragsbestandteil sind. Aus dem Auftragsverhältnis heraus ist die Anstalt zur Gewährung einer ordnungsgemäßen Anstaltsfürsorge verpflichtet. Der staatliche Träger hat die entstehenden Kosten zu erstatten. Da der staatliche Träger bis zur Beendigung der Maßnahmen voll verantwortlich bleibt, wird man dem staatlichen Träger auch das Recht einräumen müssen, die Durchführung der Sozialhilfe durch den privaten Träger zu überwachen[28]. Das Kontrollrecht des staatlichen Trägers darf sich allerdings nur auf die regelmäßige Durchführung der Sozialhilfe durch den privaten Träger erstrecken. Da die privaten Verbände andererseits möglichst nicht kontrolliert werden sollen[29], wird es in der Praxis schwierig sein, Mittel und Wege zu finden, durch die der staatliche Träger Gewißheit erlangen kann, daß die Durchführung der Sozialhilfe durch die privaten Träger auch den gesetzlichen Anforderungen genügt.

Da die staatlichen Träger nach wie vor dem Trinker verantwortlich bleiben, sind die privaten Verbände lediglich Erfüllungsgehilfen des staatlichen Trägers. Für schuldhafte Handlungen haftet daher der staatliche Träger nach § 278 BGB ohne Entlastungsbeweis wie für eigene[30]. Dabei ist jedoch zu berücksichtigen, daß der staatliche Träger für Handlungen des beauftragten privaten Verbandes nur insoweit haftet, als die Schädigungshandlungen unmittelbar bei der Erfüllung der Sozialhilfepflicht geschehen sind[31]. Neben dieser Haftung sind auch hier Ansprüche des Trinkers gegen den privaten Träger aus unerlaubter Handlung denkbar.

c) Erfüllung und Haftung bei Durchführung der Sozialhilfe durch private Träger auf Wunsch des Trinkers

Eine dritte Form der Erfüllung der Sozialhilfepflicht des staatlichen Trägers besteht darin, daß im Rahmen der allgemeinen Mitbeteiligung

---

[26] Vgl. Schellhorn S. 7.

[27] In Frage kommen: Anstaltsordnungen, Pflegebedingungen, Aufnahmebedingungen und Anstaltsstatuten.

[28] So auch Collmer in NDV 1960, 374; Keese I Anm. 6 zu § 10.

[29] Vgl. BT-Drucksache S. 39.

[30] Keese I Anm. 6 zu § 10; Knopp-Biederbick Anm. 9 zu § 10; Oestreicher Anm. 19 zu § 10; Schellhorn-Jirasek-Seipp S. 31; BGH in NJW 1952, 383 f.

[31] Vgl. Schellhorn S. 10.

der privaten Träger an der Durchführung der Aufgaben der staatlichen Träger diese auf Wunsch eines hilfsbedürftigen Trinkers die Durchführung der zu gewährenden Sozialhilfe im Einzelfall einem privaten Träger übertragen[32]. Rechtsgrundlage für eine solche Übertragung der Durchführung im Einzelfall sind §§ 10 Abs. 4 und 3 Abs. 2 BSHG.

Wird im Einzelfall auf Wunsch des Trinkers die Sozialhilfe durch freie Verbände gewährt, kommt zwischen dem Träger der Sozialhilfe und dem privaten Träger ein Vertrag zu Gunsten eines Dritten zustande[33], der einen Dienstvertrag zum Gegenstand hat, dem eine Geschäftsbesorgung zu Grunde liegt. Aus diesem Vertrag wird der Trinker unmittelbar berechtigt[34], allerdings wird der Leistungsanspruch erst dann entstehen, wenn der Trinker in Person dem privaten Träger gegenübertritt[35]. Wird der private Träger tätig, so geschieht die Hilfegewährung durch den privaten Träger nicht in dem Sinne, daß dieser etwa Erfüllungsgehilfen des staatlichen Trägers ist. Das Rechtsverhältnis des Trinkers zum privaten Träger ist rein privatrechtlicher Natur, so wie es bestehen würde, wenn der Trinker sofort zum privaten Träger gekommen wäre. Daneben bestehen öffentlich-rechtliche Beziehungen des Trinkers zum Sozialhilfeträger, dessen Pflicht darin liegt, Mittel bereitzustellen, um die fürsorgerischen Maßnahmen sicherzustellen. Die Pflicht des staatlichen Trägers erstreckt sich nicht auf die Durchführung[36]. Der staatliche Träger hat außerdem dafür einzustehen, daß die von dem privaten Träger gewährte Hilfe nicht so erbracht wird, wie sie der private Träger zu bieten gerade imstande ist[37], sondern daß die gewährte Hilfe nach Art, Form und Maß der Hilfe entspricht, wie sie die staatlichen Träger hätten erbringen müssen. Dies folgt aus der dem Sozialhilfeträger obliegenden Pflicht[38] zu prüfen, ob die Hilfe der privaten Träger „gewährleistet" ist. Man wird daher ähnlich wie bei § 10 Abs. 5 BSHG letztlich auch hier die Verantwortung als bei dem gesetzlichen Sozialhilfeträger liegend ansehen müssen.

Für die Durchführung der Sozialhilfe durch die privaten Träger haftet der staatliche Träger nicht, da er lediglich für die Sicherstellung der erforderlichen finanziellen Mittel verantwortlich ist. Der private Träger haftet vielmehr aus Vertrag direkt dem Trinker für die Durch-

[32] Vgl. Klein I S. 382; Schellhorn S. 7.
[33] Vgl. Klein I S. 382; Schellhorn S. 7.
[34] Vgl. Schellhorn S. 43.
[35] Vgl. Klein I S. 382.
[36] Vgl. Schellhorn S. 6; Klein I S. 382; BGH in DÖV 1952, 309.
[37] Dieser Meinung ist Klein I S. 380.
[38] Vgl. Collmer in NDV 1960, 375; Gottschick I Anm. 5 zu § 10; Keese I Anm. 5 zu § 10.

führung. Der private Träger hat nach § 278 BGB für das Verschulden seiner Erfüllungsgehilfen einzustehen[39]. Daneben bestehen auch hier möglicherweise Ansprüche aus unerlaubter Handlung, §§ 823 ff. BGB.

II. Rechtsfragen im Bereich der privaten Trinkerfürsorge

1. Allgemeines

Nach der Erörterung der Fragen, welche Rechtsfragen entstehen, wenn Sozialhilfe freiwillig in Anspruch genommen wird, drängt sich die Frage auf, ob und welche Rechtsfragen entstehen, wenn sich der Trinker unter Ausschaltung der Sozialhilfeträger von den privaten Trägern helfen läßt. Während diesen Fragen früher wenig Bedeutung beigemessen wurde und man sich nicht so sehr im klaren darüber war, daß auch aus der freien Liebestätigkeit Rechtsbeziehungen verschiedenster Art erwachsen können, setzt sich in der Gegenwart immer mehr die Erkenntnis durch, daß auch die freiwillige sozial-caritative Tätigkeit weitgehend mit Rechtswirkungen verknüpft ist[40] und daß diese Arbeit einem Prozeß „der Verrechtlichung"[41] unterworfen ist. Das zeigt sich z. B. daran, daß die privaten Träger in Kenntnis der rechtlichen Risiken ihre Tätigkeit durch Versicherungsschutz absichern; denn in der Hauptsache bestimmen Fragen der Haftung die Rechtsbeziehungen zwischen Hilfesuchenden und den privaten Trägern. Wir wollen daher kurz im folgenden der Frage nachgehen, inwieweit im Bereich der privaten Trinkerfürsorge Haftungsfragen entstehen.

2. Haftungsfragen

Da die Träger der privaten Verbände durchweg eingetragene bürgerlich-rechtliche Vereine sind, ist zu fragen, ob und in welchem Umfange sie für Schäden aus der sozial-caritativen Tätigkeit haften. Diese Frage läßt sich nur an Hand der konkreten rechtlichen Beziehungen beurteilen, die zwischen Schädiger und geschädigtem Trinker bestehen. In Frage kommen hauptsächlich eine allgemeine Vertragshaftung und eine außervertragliche Haftung. In beiden Fällen ist ein Verschulden erforderlich. Da der eingetragene Verein durch seine Organe handelt, kann eine Haftung des Vereins für Handlungen des verfassungsmäßigen Vertreters nach § 31 BGB, für die der Erfüllungsgehilfen nach § 278 BGB erfolgen. Kommt eine außervertragliche Haftung wie etwa nach

---

[39] Vgl. Klein I S. 382; Schellhorn S. 44.

[40] Vgl. bes. Klein II: Das Recht des sozial-caritativen Arbeitsbereiches, 1959.

[41] Vgl. Klein I S. 381.

unerlaubter Handlung in Frage, so haftet der Verein nach §§ 823 ff. BGB[42].

a) Haftung aus Vertrag

Eine Haftung aus Vertrag ist dann gegeben, wenn bestehende vertragliche oder vorvertragliche Beziehungen schuldhaft verletzt worden sind. Dies setzt voraus, daß ein Vertrag zustande gekommen ist oder vorvertragliche Beziehungen bestanden haben. Wann das der Fall ist, ist nach den allgemeinen Vertragsgrundsätzen und an Hand des konkreten Betreuungsverhältnisses zu beurteilen. So kann aus einer allgemeinen Betreuung caritativer Art noch nicht auf ein Vertragsverhältnis zwischen dem privaten Träger und dem Trinker geschlossen werden. Es muß vielmehr ein besonders geartetes Schuldverhältnis vorliegen. Es besteht, wenn der betreute Trinker in eine solche rechtliche Beziehung zum privaten Träger getreten ist, daß ein schuldrechtlicher Vertrag mit gegenseitigen Rechten und Pflichten entstanden ist. Im Einzelfall wird der Vorstand eines Vereins nicht den Abschluß eines Einzelvertrages kennen, der durch Angestellte des Trägers mit dem Trinker abgeschlossen worden ist. Es ist vielmehr so, daß ein hauptamtlicher Fürsorger für seinen Bereich allgemein ermächtigt ist, mit Wirkungen für und gegen seinen Träger auf schuldrechtlicher Grundlage vertragliche Beziehungen einzugehen[43]. So kommen vertragliche Beziehungen zustande, wenn der Trinker ein Krankenhaus, eine Heilstätte oder ein Sanatorium des privaten Trägers aufsucht. Aber auch im Bereich der ambulanten Betreuung können vertragliche Beziehungen begründet werden. Da im Rahmen der ambulanten Betreuung die Hilfe in Art und Umfang recht verschieden sein kann, wird sich der rechtsverbindliche Charakter der Hilfe und einer etwaigen Haftung nur an Hand des konkreten Falles beurteilen und entscheiden lassen. So wird man lediglich dann, wenn ein Fürsorger des privaten Verbandes hauptberuflich im Rahmen eines „Einsatzvertrages"[44] tätig wird, einen Abschluß eines Vertrages annehmen können. Bei ehrenamtlichen Helfern dagegen wird man nicht davon ausgehen können, daß der private Träger sich durch die Tätigkeit des privaten Helfers rechtswirksam verpflichtet wissen will[45]. Ferner entstehen durch Rechtshilfeberatungen keine vertraglichen Beziehungen und Verpflichtungen, da gesetzlich die Erteilungen von Auskünften keine Rechtsgeschäfte sind. Sie sind nicht einmal als Willens-

---

42 Vgl. Klein II S. 211, 213.

43 Vgl. Klein II S. 214 f.

44 Vgl. Klein II S. 231.

45 Vgl. Klein II S. 230 f.

erklärung anzusehen[46]. Bei der Ausübung beratender Tätigkeit fehlt der Wille zur Rechtsverpflichtung.

In allen Fällen jedoch, in denen vertragliche Beziehungen bestehen, haftet der private Träger für Schäden, die im Rahmen der Vertragsbeziehungen dem Trinker zugefügt werden. Allerdings tritt die Haftung nur insoweit ein, als Schäden nur im Bereich des innerhalb des Vereinszweckes abgeschlossenen Vertrages auftreten[47]. Bei einer Haftung nach § 278 BGB ist zu prüfen, wie der einzelne Schadensfall unter Gesamtberücksichtigung des konkreten Betreuungsverhältnisses zu beurteilen ist. Entscheidend ist dabei, welche Aufgaben als rechtsverbindlich übernommen werden sollten und in welcher Weise sich der private Träger im sozial-caritativen Raum verpflichten wollte[48].

b) Außervertragliche Haftung

Außervertragliche Haftungsansprüche ergeben sich vorwiegend aus unerlaubter Handlung. So haften die privaten Träger nach §§ 823, 831 BGB für diejenigen Schadensfälle, bei denen dritte Personen außerhalb bestehender vertraglicher Betreuungsverhältnisse als Verrichtungsgehilfen den Trinker schädigen. Eine solche Verrichtungstätigkeit liegt vor, wenn die schädigende Person weisungsgebunden ist und innerhalb ihrer Aufgaben handelt. Handelt der Schädiger außerhalb der Weisungen seines privaten Trägers, haftet er persönlich. Eine Verrichtungstätigkeit kann auch in der Übernahme einer ehrenamtlichen Tätigkeit liegen[49].

---

[46] Vgl. RGZ 157, 233.
[47] Vgl. Klein II S. 215.
[48] Vgl. Klein II S. 216.
[49] Vgl. Klein II S. 218.

Vierter Abschnitt

Rechtszwang im Bereich der Trinkerfürsorge

Unsere bisherigen Überlegungen standen unter dem Blickwinkel der freiwilligen Inanspruchnahme der Trinkerfürsorgeleistungen. Wir wissen jedoch, daß es nicht immer gelingt, die Trinker davon zu überzeugen, sich freiwillig behandeln zu lassen. Viele Trinker weigern sich beharrlich, ihre Zustimmung zu Behandlungen durch die Trinkerfürsorge zu geben. Bei ihnen stellt sich die Frage, ob und unter welchen Voraussetzungen sie auch gegen ihren Willen behandelt werden können. Mit besonderer Dringlichkeit entsteht diese Frage bei denjenigen Trinkern, für die wegen der bisherigen erfolglosen ambulanten Behandlung nur noch eine stationäre Behandlung etwa im Sinne einer Heilstättenbehandlung in Betracht kommt. Wie wir bereits anläßlich der Erörterung der Schwierigkeiten in der ambulanten Trinkerfürsorge andeuten konnten[1], ist die Frage des Rechtszwanges auch im Bereich der ambulanten Trinkerfürsorge akut. Es bleibt daher zu überlegen, welche rechtlichen Möglichkeiten sich für Zwangsunterbringungen zu Behandlungszwecken bieten und unter welchen Voraussetzungen derartige Zwangsmaßnahmen möglich sind. Da Zwangsmaßnahmen dieser Art in die in Art. 2 Abs. 2 GG statuierten Grundrechte der Freiheit der Person und des Rechts auf körperliche Unversehrtheit eingreifen, in die nach Art. 2 Abs. 2 Satz 3 GG nur auf Grund eines Gesetzes eingegriffen werden darf, werden wir im folgenden prüfen, auf Grund welcher Gesetze Rechtszwang gegenüber Trinkern geübt werden darf und welche Voraussetzungen dafür erfüllt sein müssen. Wir wollen zunächst die für eine Zwangsunterbringung von Trinkern zum Zwecke einer Zwangsbehandlung in Frage kommenden Rechtsgrundlagen in ihrer gegenwärtigen Fassung und Auslegung untersuchen, um uns dann den Rechtsfragen des ambulanten Behandlungszwanges zu widmen.

---

[1] Vgl. S. 48 ff. der Arbeit.

A. Rechtszwang zur Anstaltsunterbringung

Wenn wir im folgenden die rechtlichen Möglichkeiten einer zwangsweisen Unterbringung von Trinkern prüfen wollen, so ist zunächst zu beachten, daß Trinker im Bereich der Fürsorge bisher im Wege einer Einweisung durch den Vormund und auf Grund der in den einzelnen Ländern erlassenen Gesetze über die Unterbringung psychisch Kranker und Süchtiger untergebracht worden sind. Seit dem Inkrafttreten des BSHG gibt es eine weitere Möglichkeit, Trinker zwangsweise unterzubringen. Wir wenden uns zunächst der Anstaltsunterbringung durch den Vormund zu und prüfen, welche Trinker unter welchen Voraussetzungen zum Zwecke einer Behandlung zwangsuntergebracht werden können.

I. Zwangsunterbringung durch den Vormund

Da die Unterbringung die erfolgte Entmündigung voraussetzt, ist zuvor darauf einzugehen, unter welchen Umständen ein Trinker überhaupt entmündigt und in welcher Weise dessen Entmündigung verfahrensmäßig durchgeführt werden kann.

1. Voraussetzungen und Verfahren der Entmündigung

a) Voraussetzungen der Entmündigung

Auf Grund der materiell-rechtlichen Grundlage der Entmündigung eines Trinkers nach § 6 Abs. 1 Nr. 3 BGB ist zunächst das Vorhandensein von Trunksucht erforderlich. Nach allgemeiner Auffassung[2] ist diese Voraussetzung erfüllt, wenn der fortgeschrittene Alkoholgenuß im Trinker einen krankhaften Zustand hervorgerufen hat, infolge dessen die betreffende Person nicht mehr die Kraft hat, dem Anreiz zu übermäßigem Genuß geistiger Getränke zu widerstehen. Es genügt nicht der bei symptomatischen Trinkern anzutreffende häufige übermäßige Alkoholgenuß, es muß vielmehr der Verlust der Fähigkeit, auf Alkoholgenuß zu verzichten, hinzukommen. Diese Voraussetzungen sind bei den Trinkern, bei denen Trunksucht in medizinischem Sinne vorliegt[3], erfüllt.

Ferner ist erforderlich, daß mindestens eine der im § 6 Abs. 1 Nr. 3 BGB bezeichneten Folgen vorliegt. So muß der Trinker infolge der Trunksucht seine Angelegenheiten, unter denen seine gesamte wirtschaftliche Tätigkeit zu verstehen ist, nicht mehr besorgen können. Bei chronischen Trinkern, bei denen die Besorgung ihres Lebensunterhalts

---

[2] Vgl. Enneccerus-Nipperdey § 93 II 2 a; Palandt-Danckelmann Anm. 4 zu § 6; Staudinger-Coing Anm. 27 zu § 6; RGRK Anm. 5 zu § 6; RG in SeuffA 68 Nr. 116.

[3] Vgl. RG in HRR 1937 Nr. 544; S. 75 der Arbeit.

infolge der verminderten geistigen und körperlichen Leistungsfähigkeit leidet, ist das der Fall.

Weiter kann der Trinker so alkoholsüchtig sein, daß er sich oder seine Familie der Gefahr des Notstandes aussetzt. Da durch die Trunksucht die Arbeitskraft des Trinkers vermindert wird, infolge des Verfalls Trinker häufig überhaupt jede Arbeit einstellen, ist auch diese Voraussetzung bei chronischen Trinkern gegeben. Bei Trinkern im Stadium der einfachen Trunksucht ist diese Voraussetzung jedoch nur dann erfüllt, wenn diese alle Einkünfte für sich zum Zwecke des Alkoholeinkaufs verwenden, so daß die Familie wirtschaftlicher Not ausgesetzt ist.

Ferner kann ein Trinker infolge der Trunksucht die Sicherheit anderer gefährden. Hier handelt es sich um den gemeingefährlichen Trinker, in dem die Neigung zu Gewalttaten, Mißhandlungen und Zerstörungen so groß ist, daß die Ehefrau und die Kinder, aber auch andere Personen, um ihre Sicherheit fürchten müssen. Praktische Bedeutung hat insbesondere die zweite Variante der Trunksuchtsfolgen des § 6 Abs. 1 Nr. 3 BGB.

Es bedarf in diesem Zusammenhang des Hinweises, daß die eben aufgezeigten Voraussetzungen für eine Entmündigung eines Trinkers eine abschließende Regelung darstellen; nur wenn Tatsachen gegeben sind, die unter § 6 Abs. 1 Nr. 3 BGB fallen, ist eine Entmündigungsmöglichkeit materiell-rechtlich gegeben. Unzulässig ist es daher, einen Trinker allein zu dem Zweck entmündigen zu lassen, um ihn in einer Anstalt zwangsweise unterzubringen. Eine allein unter diesen Aspekten betriebene Entmündigung und erstrebte vorläufige Vormundschaft ist unstatthaft[4].

b) Das Entmündigungsverfahren

Das Entmündigungsverfahren beginnt mit der Stellung eines entsprechenden Antrages durch den Ehegatten, Verwandte oder durch den gesetzlichen Vertreter, dem die Personenfürsorge zusteht[5]. In den früheren preußischen Landesteilen sind daneben die Bezirksfürsorgeverbände, jetzt die Sozialhilfeträger, antragsberechtigt[6]. Der Antrag, der nach § 648 ZPO an das zuständige Amtsgericht zu richten ist, soll eine Angabe der ihn begründenden Tatsachen und die Bezeichnung der Beweismittel enthalten, § 647 ZPO. Dafür genügt nicht der Hinweis, daß der Betroffene häufig betrunken ist. Konkrete Behauptun-

---

[4] Auf die Unzulässigkeit derartiger Entmündigungen hat eindringlich Becker in NJW 1952, 51 hingewiesen.

[5] Vgl. § 646 Abs. 1 i. V. m. § 680 Abs. 3 ZPO.

[6] Vgl. § 680 Abs. 5 ZPO; § 3 des preußischen Ausführungsgesetzes zur ZPO.

gen sind vielmehr erforderlich. Als Beweismittel kommen in erster Linie Zeugen in Betracht. Das Gericht stellt dann unter Benutzung der im Antrag angegebenen Tatsachen und Beweismittel von Amts wegen die erforderlichen Ermittlungen an. Der zu Entmündigende braucht hierbei nicht persönlich vernommen zu werden[7], ihm ist lediglich Gelegenheit zu geben, Beweismittel zu bezeichnen, § 653 ZPO. Die Entmündigung erfolgt durch Beschluß, § 680 Abs. 1 ZPO, der dem zu Entmündigenden von Amts wegen zugestellt wird, § 673 ZPO. Mit Zustellung dieses Beschlusses wird die Entmündigung rechtswirksam. Binnen der Frist eines Monats kann dann der Entmündigte den Beschluß im Wege der Klage vor dem zuständigen Landgericht anfechten, § 684 ZPO. Der Entmündigte ist insoweit prozeßfähig. Wird die Anfechtung als begründet erachtet, wird die Entmündigung aufgehoben. Ist die Entmündigung dagegen rechtswirksam ausgesprochen, bleibt die Möglichkeit einer späteren Aufhebung nach § 685 ZPO. In vielen Fällen wird im Entmündigungsverfahren von der Möglichkeit des § 681 ZPO Gebrauch gemacht, auf den abschließend hingewiesen werden soll. Nach dieser Vorschrift kann im Entmündigungsverfahren die Beschlußfassung ausgesetzt werden, wenn Aussicht besteht, daß der zu entmündigende Trinker sich bessert.

2. Die Unterbringung auf Grund des Aufenthaltsbestimmungsrechts des Vormunds

Ist die Entmündigung rechtswirksam, wirkt sie als rechtsgestaltender Staatsakt für und gegen alle[8]. Sie bewirkt während der Dauer der Entmündigung eine Beschränkung der Geschäftsfähigkeit des Trinkers in der Weise, daß er einem Minderjährigen über sieben Jahre gleichsteht, § 114 BGB. Nach § 1896 BGB erhält der Trinker einen Vormund, dem neben der Vermögensfürsorge auch die Sorge für die Person des Trinkers obliegt, in deren Rahmen der Vormund das Recht nach §§ 1897, 1800, 1631 BGB hat, den Aufenthaltsort des Trinkers zu bestimmen. Auf Grund dieser Befugnis hat der Vormund das Recht, den Trinker zum Zwecke einer Entziehungskur in einer Trinkerheilanstalt unterzubringen[9]. Eine solche Zwangsunterbringung bedarf jedoch, da sie mit

---

[7] Gegen diese Regelung wendet sich insbes. Röhl in NJW 1960, 1378 mit dem Hinweis, daß diese Regelung ebenso wie das Fehlen einer Anwaltsbeiordnung dem schwerwiegenden Eingriff in den Status des Betroffenen nicht genügend Rechnung trägt.

[8] Vgl. Enneccerus-Nipperdey § 93 IV; Staudinger-Coing Anm. 46 zu § 6.

[9] Vgl. Palandt-Lauterbach Anm. 3 zu § 1800. Liegt ein Mißbrauch des Sorgerechts vor, ist gegebenenfalls durch vormundschaftliche Anordnung nach familienrechtlichen Vorschriften des BGB zu verfahren, vgl. Schellhorn S. 25.

einer Freiheitsentziehung verbunden ist, nach § 1800 Abs. 2 BGB der Genehmigung des Vormundschaftsgerichts[10].

Materiell-rechtlich ist für die Erteilung der Genehmigung erforderlich, daß die Unterbringung mit einer Freiheitsentziehung verbunden ist. Eine Unterbringung in eine geschlossene Anstalt, insbesondere in eine Trinkerheilanstalt, ist stets mit einer Freiheitsentziehung verbunden[11]. Diese Voraussetzung ist daher bei Trinkern immer gegeben, die eingewiesen werden sollen. Ferner ist zu prüfen, ob die vom Vormund beabsichtigte Unterbringung im wohlverstandenen Interesse des Trinkers liegt[12]. Wenn, wie bei Trinkern, durch stationäre Behandlung im Wege einer Entziehungskur wirksame Heilungsmöglichkeiten bestehen, so ist diese Voraussetzung bei Trinkern, die zwangsuntergebracht werden sollen, gegeben. Verfahrensmäßig ist für die Erteilung der Genehmigung nach § 1800 Abs. 2 Satz 1 BGB und § 36 FGG das Vormundschaftsgericht zuständig, in dessen Bezirk der Trinker zu der Zeit, zu der die Genehmigung erforderlich ist, seinen Wohnsitz hat[13]. Für die Verfahrensdurchführung gelten, da es sich bei der Genehmigung um eine den Gerichten übertragene Angelegenheit der Freiwilligen Gerichtsbarkeit handelt, die §§ 1—34, 35—64 FGG, soweit sie nicht durch §§ 55 a FGG, 1800 Abs. 2 BGB ausgeschaltet oder ergänzt werden. Das Verfahren wird von dem Amtsermittlungsgrundsatz beherrscht. § 1800 Abs. 1 Satz 1 Halbsatz 2 BGB macht es dem Vormundschaftsgericht zur Pflicht, das Mündel vor der Entscheidung zu hören. Hierdurch soll dem Verfassungsgebot des rechtlichen Gehörs Genüge getan und darüber hinaus dem Richter der für seine Entscheidung unerläßliche persönliche Eindruck von dem Betroffenen verschafft werden[14]. In aller Regel wird eine persönliche Anhörung zu erfolgen haben, es sei denn, eine Verständigung ist mit dem Mündel von vornherein ausgeschlossen oder für den Gesundheitszustand des Mündels nachteilig[15]. Da die Entscheidung auf Grund des § 1800 Abs. 2 BGB als eine wichtige Angelegenheit im Sinne des § 1847 Abs. 1 BGB anzusehen ist[16], ist insbesondere auch die Anhörung Verwandter oder Verschwägerter geboten. Ferner liegt im Rahmen der Aufklärungspflicht des

---

[10] § 1800 Abs. 2 BGB ist durch das Gesetz zur Vereinheitlichung und Änderung familienrechtlicher Vorschriften vom 11. 8. 1961 (BGBl I S. 1221) eingefügt worden. Die Regelung geht auf die Entscheidung des BVerfG vom 10. 2. 1960 = BVerfG in NJW 1960, 811 ff. zurück.

[11] Vgl. Keidel Anm. 19 zu § 55 a.

[12] Vgl. § 1800 Abs. 2 Satz 3 BGB; Franke in NJW 1962, 1758; Böning in NJW 1960, 1376.

[13] Vgl. Palandt-Lauterbach Anm. 3 zu § 1800.

[14] Vgl. Böning in NJW 1960, 1376.

[15] Vgl. OLG Köln in NJW 1961, 274.

[16] Vgl. Keidel Anm. 24 zu § 55 a.

Gerichts die Anhörung eines ärztlichen Sachverständigen. § 1800 Abs. 2 BGB sieht leider eine Pflicht zur Anhörung nicht vor. Da aber regelmäßig Fragen zu klären sind, die im medizinisch-juristischen Grenzbereich liegen und deren Auswirkungen der Richter selbst bei gründlicher Erfahrung nicht immer mit Sicherheit zu ermessen vermag[17], ist eine Hinzuziehung eines ärztlichen Sachverständigen gerade bei der Beurteilung von Trinkern unentbehrlich.

Der Entmündigte ist, einem anerkannten Rechtsgrundsatz entsprechend, während der Dauer des Verfahrens, in dem über die wegen seines Zustandes zu treffenden Maßnahmen zu entscheiden ist, insoweit prozeßfähig[18]. Vor der Entscheidung über die Genehmigung kann das Vormundschaftsgericht nach § 55 a Abs. 3 FGG bei Gefahr im Verzuge einstweilige Unterbringungsanordnungen treffen. Es handelt sich hier um Fälle, die keinen Aufschub dulden[19]. Voraussetzung für derartige Maßnahmen ist, daß ein sofortiges Einschreiten notwendig ist, eine endgültige Entscheidung aber noch nicht ergehen kann[20]; das gilt besonders, wenn der Trinker bereits untergebracht ist und nun um eine nachträgliche Genehmigung nachgesucht wird, die nach § 1800 Abs. 2 Satz 2 BGB in solchen Fällen unverzüglich nachzuholen ist. Für den Erlaß der einstweiligen Anordnung genügt hinsichtlich der erheblichen Tatsachen Glaubhaftmachung[21]. Beim Vorliegen dieser Voraussetzungen kann das Gericht die vorläufige Unterbringung des Trinkers in einer geschlossenen Anstalt genehmigen und dabei die Genehmigung auf eine bestimmte Dauer befristen[22]. Um Unklarheiten für den Unterbringungszeitraum auszuschließen, sollte jede Genehmigung mit einem Endtermin versehen sein; hinsichtlich der Dauer wäre an eine entsprechende Anwendbarkeit der Bestimmungen aus den Unterbringungsgesetzen der Länder zu denken[23]. Die einstweilige Anordnung ist dem Vormund, im Hinblick auf Art. 104 Abs. 4 GG aber auch einem Angehörigen oder einer Vertrauensperson bekanntzumachen[24]. Die Verfügung, durch die die Genehmigung der vorläufigen Unterbringung erteilt wird, wird mit der Bekanntmachung an den Vormund wirksam.

Erachtet das Vormundschaftsgericht die Voraussetzungen für die Genehmigung der endgültigen Unterbringung für gegeben, so erteilt es

---

17 Vgl. Böning in NJW 1960, 1376.
18 Vgl. Keidel Anm. 25 zu § 55 a; § 12 Abs. 3 SchlHUntG.
19 Vgl. Palandt-Lauterbach Anm. 3 zu § 1800.
20 Vgl. Keidel Anm. 27 zu § 55 a.
21 Vgl. Keidel Anm. 28 zu § 55 a.
22 Vgl. Keidel Anm. 29 zu § 55 a.
23 Vgl. Böning in NJW 1960, 1376.
24 Vgl. Keidel Anm. 31 zu § 55 a.

diese durch Verfügung, die dem Vormund bekanntgemacht wird. Sie wird erst mit Eintritt der Rechtskraft wirksam[25]. Nach § 55 a FGG kann das Gericht jedoch die sofortige Wirksamkeit der Verfügung anordnen, wenn der Aufschub der Wirksamkeit bis zur Rechtskraft eine Gefährdung des Mündelinteresses befürchten läßt. Das ist bei bereits erfolgter Unterbringung der Fall.

Lehnt das Gericht die endgültige Genehmigung ab, so hat der Vormund das Recht, einfache Beschwerde nach § 19 FGG und danach die weitere Beschwerde nach § 27 FGG[26] einzulegen. Die Beschwerde kann dabei nur auf neue Tatsachen und Beweise gestützt werden[27]. Wird die Genehmigung erteilt, hat der Trinker dagegen das Recht der sofortigen Beschwerde nach §§ 55 a Abs. 1, 60 Abs. 1 Nr. 6, 22 Abs. 1 FGG[28] und danach die sofortige weitere Beschwerde nach § 29 Abs. 2 FGG.

II. Zwangsunterbringung nach Landesgesetz

Eine weitere Möglichkeit, Trinker gegen ihren Willen in eine Trinkerheilanstalt oder Klinik unterzubringen, bieten die in fast allen Bundesländern erlassenen Gesetze über die Unterbringung von psychisch Kranken und Süchtigen[29]. Da diese Gesetze ihrem Sinngehalt nach weitgehend Übereinstimmung aufweisen, wollen wir uns hier hauptsächlich mit dem schleswig-holsteinischen Gesetz befassen und an ihm aufzeigen, unter welchen Voraussetzungen nach ihm Trinker zwangsweise untergebracht werden können. Wir wenden uns zunächst den materiellen Rechtsfragen zu.

---

[25] Vgl. Keidel Anm. 38 zu § 55 a.

[26] Vgl. Keidel Anm. 55 und 57 zu § 55 a.

[27] Vgl. Krasney, Otto Ernst S. 3; Keidel Anm. 56 zu § 55 a.

[28] Vgl. Palandt-Lauterbach Anm. 3 zu § 1800; Böning in NJW 1960, 1376.

[29] Baden-Württemberg: Gesetz über die Unterbringung von Geisteskranken und Suchtkranken vom 16. 5. 1955 (GVBl 1955 S. 87); Bayern: Gesetz über die Verwahrung geisteskranker, geistesschwacher, rauschgift- oder alkoholsüchtiger Personen vom 30. 4. 1952 (GVBl 1952 S. 163); Berlin: Gesetz über die Unterbringung von Geisteskranken und Süchtigen vom 5. 6. 1958 (GVBl 1958, S. 521); Hamburg: Gesetz zur Ausführung des Art. 104 des Bonner Grundgesetzes vom 17. 8. 1949 (GVBl 1949 S. 177); Hessen: Gesetz über die Entziehung der Freiheit geisteskranker, geistesschwacher, rauschgift- oder alkoholsüchtiger Personen vom 15. 5. 1952 (GVBl 1952 S. 111) i. d. F. des Gesetzes vom 15. 5. 1958 (GVBl 1958 S. 60); Niedersachsen: §§ 9—12 des Gesetzes über die öffentliche Sicherheit und Ordnung vom 21. 3. 1951 (GVBl 1951 S. 79); Nordrhein-Westfalen: Gesetz über die Unterbringung geisteskranker, geistesschwacher und suchtkranker Personen vom 16. 10. 1956 (GVBl 1956 S. 300); Rheinland-Pfalz: Unterbringungsgesetz vom 19. 2. 1959 (GVBl 1959 Nr. 10 S. 91); Schleswig-Holstein: Gesetz über die Unterbringung von psychisch Kranken und Süchtigen vom 26. 8. 1958 (GVBl 1958 S. 271).

1. Materiell-rechtliche Regelung

Als materiell-rechtliche Grundlage für die zwangsweise Unterbringung eines Trinkers kommt § 1 SchlHUntG in Betracht. Nach dieser Vorschrift ist für die Unterbringung eines Trinkers zunächst erforderlich, daß eine Alkoholsüchtigkeit vorliegt. Da der Begriff der Alkoholsüchtigkeit nach § 1 SchlHUntG sich mit dem der Trunksucht in § 6 Nr. 3 BGB[30] deckt, werden insoweit sowohl chronische Trinker als auch Trinker im Stadium der einfachen Trunksucht von § 1 SchlHUntG erfaßt.

Weiter ist erforderlich, daß von dem Trinker ein Verhalten zu erwarten ist, durch das er sich selbst oder Rechtsgüter anderer gefährdet. Es genügt dabei bereits, daß der Trinker nach objektiver Betrachtungsweise auf Grund seiner Persönlichkeit und seines bisherigen Verhaltens ein solches Verhalten erwarten läßt[31]. Da das SchlHUntG seinem Wesen und seiner Zweckrichtung nach gleich §§ 14, 15 PVG der Erhaltung der öffentlichen Ordnung und der Abwehr von Gefahren für die öffentliche Sicherheit, die sich aus dem Verhalten des Süchtigen ergeben, dient[32], kommen hinsichtlich der Selbstgefährdung des Trinkers nur solche Verhaltensweisen des Trinkers in Betracht, die sich in erster Linie als Störung der öffentlichen Ordnung darstellen. Da die Selbsterhaltung des Menschen zu den unerläßlichen Voraussetzungen eines gedeihlichen sozialen Zusammenlebens gehört und es Ärgernis erregt, wenn sich jemand körperlich und geistig verkommen läßt oder Hand an sich legt, liegt eine Gefährdung der öffentlichen Ordnung immer dann vor, wenn ein Trinker infolge seiner Süchtigkeit in völlige Untätigkeit verfällt und hierdurch bei Fehlen ausreichender Pflege aller Voraussicht nach in Gefahr geraten würde, körperlicher Verwahrlosung anheimzufallen, zu Grunde zu gehen oder Selbstmord zu begehen[33]. Die Sucht als solche und der durch sie bedingte Zustand genügen nicht. Ein über die allgemeinen Erscheinungsformen der Süchtigkeit hinausgreifendes Verhalten, das die öffentliche Ordnung berührt, ist vielmehr erforderlich. Diese Voraussetzungen werden in

[30] Vgl. RG in SeuffA 68 Nr. 116; RG in HRR 1937 Nr. 544; S. 102 f. der Arbeit.

[31] Vgl. Böning in SchlHA 1958, 282.

[32] Vgl. Leverenz, Begründung der Regierungsvorlage im Schleswig- Holsteinischen Landtag, Stenographischer Sitzungsbericht der Landtagssitzung vom 5. 3. 1958, S. 3587; ferner die unwidersprochenen Ausführungen des Abgeordneten Adler, Vorsitzender des Justizausschusses des Schleswig-Holsteinischen Landtages, in der 2. Lesung des Gesetzentwurfs, Stenographischer Sitzungsbericht der Landtagssitzung vom 20. 8. 1958, S. 3990, 3993; Böning in SchlHA 1958, 255 und 283; 1960, 132 und 161; Franke in NJW 1959, 1562; OLG Schleswig in SchlHA 1960, 311; Becker in NJW 1952, 52.

[33] Vgl. OLG Schleswig in SchlHA 1960, 312.

der Regel nur von denjenigen chronischen Trinkern erfüllt, die während ihres körperlichen und psychischen Verfalls Handlungen begehen, die der Umwelt ein Ärgernis sind.

Unter den „Rechtsgütern anderer" hat man jede Art von Rechtsgütern zu verstehen; insbesondere fallen die nach § 14 PVG geschützten Rechtsgüter wie Leben, Gesundheit, Freiheit und Eigentum der Staatsbürger darunter, aber auch die öffentliche Sicherheit und die Einrichtungen des Staates. Erfaßt werden die Handlungen, die man gewöhnlich als gemeingefährlich[34] ansieht. Bloße Belästigung der Öffentlichkeit oder einzelner Personen reicht nicht aus[35]. Diese Voraussetzungen werden im allgemeinen von denjenigen Trinkern erfüllt, die gleichzeitig nach § 6 Nr. 3 BGB entmündigt werden können.

Für beide Voraussetzungen, die Gefährdung der Rechtsgüter anderer und die Gefährdung der eigenen Gesundheit oder des Lebens, gilt weiter, daß sie „ernstlich" sein müssen. Das sind sie dann[36], wenn sie nach objektiver Betrachtungsweise erheblich und geeignet sind, Besorgnis über den Bestand des gefährdeten Rechtsgutes auszulösen. Kleinere Gefahren sind daher ausgeschlossen.

Schließlich ist für eine Unterbringung eines Trinkers nach § 1 SchlHUntG noch erforderlich, daß die die öffentliche Ordnung berührende Verhaltensweise des Trinkers durch die Trunksucht hervorgerufen sein muß. Dafür sind konkrete Einzelhandlungen notwendig, die außerhalb der durch die Sucht bedingten Lebensweise durch zusätzliche Verhaltensweisen zum Ausdruck kommen und als Folge der Trunksucht auftreten müssen[37]. Erschöpft sich dagegen das suchtbedingte Verhalten lediglich im Drang nach Anwendung des Rauschgiftes und führt es nicht zu einem zusätzlichen Handeln oder Unterlassen in Gestalt einer die öffentliche Ordnung in Mitleidenschaft ziehenden Verwahrlosung oder sonstiger Lebens- oder Gesundheitsgefährdung[38], fehlt es an den Voraussetzungen für eine Freiheitsentziehung, da diese Erscheinungen zum Erscheinungsbild der Trunksucht schlechthin gehören.

Es kann daher in diesem Zusammenhang nicht zweifelhaft sein, daß die Weigerung eines Trinkers, sich einer Entziehungskur zu unterziehen, kein suchtbedingtes Verhalten im Sinne des § 1 SchlHUntG ist, wie mancherorts[39] angenommen worden ist. Würde man eine solche

[34] Vgl. PrOV 77, 343; 80, 122 f.
[35] Vgl. Böning in SchlHA 1960, 160.
[36] Vgl. Böning in SchlHA 1958, 282.
[37] Vgl. OLG Schleswig in SchlHA 1960, 311 f.
[38] Vgl. OLG Schleswig in SchlHA 1960, 312.
[39] So Mührer in SchlHA 1960, 127.

Verhaltensweise eines Trinkers als suchtbedingtes Verhalten ansehen, bekäme die Unterbringung fürsorgerischen Charakter. Das soll aber gerade vermieden werden. Unterbringungsgrund soll nicht die Hilfegewährung für den Einzelnen sein, sondern Schutz der öffentlichen Ordnung[40]. Darüber hinaus ergibt sich weiter, daß eine Weigerung eines Trinkers, sich heilen zu lassen, eine der Sucht eigentümliche Erscheinung ist und nicht eine aus ihr entstandene und über sie hinausgehende Folge[41].

2. *Das Unterbringungsverfahren*

Über die Unterbringung entscheidet auf Antrag der zuständigen Verwaltungsbehörde dasjenige Amtsgericht, in dessen Bezirk sich der betreffende Trinker gewöhnlich aufhält, §§ 4 Abs. 1, 2 Abs. 2 SchlHUntG. Befindet sich der Trinker ohne richterliche Entscheidung länger als sechs Monate in einer Anstalt, so ist allein das Amtsgericht zuständig, in dessen Bezirk die Anstalt liegt[42]. Für die Antragstellung sind sachlich zuständig die Kreisordnungsbehörden bzw. in den kreisangehörigen Städten über 20 000 Einwohner die örtlichen Ordnungsbehörden, § 4 Abs. 2 SchlHUntG. Dem schriftlich zu stellenden Antrag, bei dem eine Begründung empfehlenswert sein dürfte[43], ist ein ärztliches Gutachten beizufügen, aus dem hervorgehen muß, daß bei dem Trinker infolge seiner Trunksucht mit Verhaltensweisen zu rechnen ist, durch die er sich oder andere gefährdet, § 5 Abs. 1 Satz 2 SchlHUntG. An das Gutachten sind strenge Maßstäbe zu stellen[44]. Neben dem ärztlichen Gutachten ist das Ermittlungsergebnis des behördlichen Verfahrens dem Gericht vorzulegen, § 5 Abs. 2 SchlHUntG.

Da nach § 3 SchlHUntG, soweit das SchlHUntG nichts anderes vorsieht, das FGG anzuwenden ist und damit das Verfahren vom Amtsermittlungsgrundsatz beherrscht wird, hat das Gericht alle zur Tatsachenfeststellung nötigen Ermittlungen anzustellen. So ist nach § 6 Abs. 1 SchlHUntG der Trinker grundsätzlich persönlich, möglichst in Anwesenheit eines ärztlichen Sachverständigen, anzuhören, es sei denn, die Anhörung hat gesundheitsschädigende Folgen, § 6 Abs. 2 SchlHUntG. Unterbleibt die Anhörung und hat der Trinker keinen gesetzlichen Vertreter und wird er auch nicht durch einen Rechtsanwalt vertreten,

---

[40] Vgl. Böning in SchlHA 1960, 132; Franke in NJW 1959, 1562; OLG Schleswig in SchlHA 1960, 312.

[41] Vgl. OLG Schleswig in SchlHA 1960, 312.

[42] Vgl. § 2 Abs. 3 SchlHUntG. Dieser Gerichtsstand hat dann Bedeutung, wenn der Trinker, der freiwillig in eine Anstalt gegangen ist, nachträglich sein Einverständnis zur Unterbringung widerruft.

[43] Vgl. Böning in SchlHA 1958, 289.

[44] Vgl. zu den Anforderungen an ein ärztliches Gutachten OLG Hamm in JMBlNRW 1959, 234; ferner BGH in NJW 1959, 2304.

so muß dem Trinker nach § 6 Abs. 3 SchlHUntG ein besonderer Vertreter bestellt werden. Das gilt aber nur für die Fälle, bei denen eine andere Vertretungsmöglichkeit, wie etwa durch die Bestellung eines Armenanwalts, nach § 14 FGG nicht besteht[45]. Der besondere Vertreter ist, da er wie der Vertreter nach § 57 Abs. 1 ZPO Verfahrensvertreter ist, vor Gericht anzuhören[46]. Neben der Anhörung des Trinkers und seines Vertreters sind außerdem nach § 7 SchlHUntG ein ärztlicher Sachverständiger und die in § 8 Abs. 1 SchlHUntG genannten Personen zu hören, bei denen es sich im wesentlichen um Personen handelt, die dem Trinker in persönlicher oder rechtlicher Hinsicht nahestehen. Entstehen jedoch durch die Anhörung unverhältnismäßig hohe Kosten oder ist mit erheblichen Verzögerungen zu rechnen, kann die Anhörung der in § 8 Abs. 1 SchlHUntG genannten Personen unterbleiben. Kann in einem solchen Fall kein Angehöriger des Trinkers gehört werden, so ist eine Vertrauensperson des Trinkers zu hören, § 8 Abs. 3 SchlHUntG. Damit soll Sorge getragen werden, daß eine Person beteiligt wird, von der anzunehmen ist, daß sie die Wünsche und Belange des Trinkers kennt und sie dem Gericht mitteilt[47].

Über den Antrag entscheidet das Gericht durch Beschluß, der Tenor und Gründe haben muß[48]. Entspricht das Gericht dem Antrag, so wird die Unterbringung des Trinkers angeordnet, wobei nach § 10 Abs. 1 SchlHUntG ein Tag zu bezeichnen ist, bis zu dem über die Fortdauer oder Aufhebung der Unterbringung zu entscheiden ist[49]. Ist die Unterbringung nicht früher aufgehoben worden[50], tritt mit Ablauf des bezeichneten Tages die Unterbringungsanordnung nach § 10 Abs. 3 SchlHUntG außer Kraft. Das Gericht hat dann von Amts wegen über die Fortdauer der Unterbringung zu entscheiden. Der Anordnungsbeschluß ist dem Trinker, der Verwaltungsbehörde, den in § 8 Abs. 1 a bis d SchlHUntG genannten Personen bzw. der Vertrauensperson in dem Falle mitzuteilen, daß der Anordnungsbeschluß keinem Angehörigen bekanntgemacht werden kann. Ablehnende Beschlüsse werden bereits mit der Bekanntmachung an die Verwaltungsbehörde nach § 16 Abs. 1 FGG, anordnende Beschlüsse dagegen nach § 13 Abs. 1 SchlHUntG erst mit der Rechtskraft wirksam.

Wird der Antrag auf Unterbringung zurückgewiesen, hat nach § 12 Abs. 2 Satz 2 SchlHUntG allein die Verwaltungsbehörde das Recht der

---

45 Vgl. Böning in SchlHA 1958, 301.

46 Vgl. Saage I Anm. 20 zu § 5; Reichhard Anm. 2 b zu § 5.

47 Vgl. Böning in SchlHA 1958, 302.

48 Vgl. § 9 SchlHUntG.

49 Vgl. §§ 14, 15 SchlHUntG.

50 Vgl. § 14 Abs. 1 SchlHUntG.

sofortigen Beschwerde. Wird dem Antrag dagegen stattgegeben, steht die sofortige Beschwerde den in § 11 SchlHUntG genannten Personen zu. Aus § 12 Abs. 4 SchlHUntG ergibt sich, daß der Betroffene, der ärztliche Sachverständige und die in § 8 SchlHUntG genannten Personen grundsätzlich noch einmal zu hören sind. Gegen die Entscheidung des Beschwerdegerichts ist die sofortige weitere Beschwerde gegeben, § 28 Abs. 1 FGG.

Nach § 17 Abs. 1 SchlHUntG kann das Gericht die Unterbringung des Trinkers auch nur einstweilen anordnen, wenn ein zulässiger Antrag nach § 4 Abs. 1 SchlHUntG gestellt ist und dringende Gründe für die Annahme vorhanden sind, daß die Voraussetzungen nach § 1 Abs. 1 SchlHUntG vorliegen. Nach § 17 Abs. 1 SchlHUntG ist die Anordnung bis zu sechs Wochen zu befristen. Ist die Verwaltungsbehörde nicht in der Lage, das erforderliche ärztliche Gutachten mit der Antragsschrift einzureichen, kann das Gericht auf Antrag nach § 18 Abs. 1 SchlHUntG schon außerhalb eines anhängigen Verfahrens die einstweilige Unterbringung des Trinkers beschließen. Davon abzuheben ist die Möglichkeit der Verwaltungsbehörde nach § 21 SchlHUntG, den Trinker ohne Anordnung des Gerichts vorläufig unterzubringen. Bei einer solchen Verwaltungsmaßnahme, die nur möglich ist, wenn es das Interesse der Allgemeinheit gebietet[51], ist unverzüglich eine richterliche Entscheidung bis zum Ablauf des der Maßnahme folgenden Tages herbeizuführen.

Das Gericht hat die Unterbringung aufzuheben, sobald der Grund weggefallen ist, § 14 Abs. 1 SchlHUntG. Die Verwaltungsbehörde hat Tatsachen, die zur Aufhebung führen, dem Gericht mitzuteilen[52]. Die gleiche Verpflichtung trifft den Leiter des Krankenhauses bzw. der Heilstätte, in der sich der Trinker befindet. Enthalten die Anträge dieser Personen keine neuen Tatsachen, so ist das Gericht an die materielle Rechtskraft seiner Entscheidung gebunden[53]. Gegen die Aufhebungsentscheidung steht der Verwaltungsbehörde nach § 14 Abs. 4 Satz 1 SchlHUntG die Beschwerde zu. Gegen den einen Aufhebungsantrag zurückweisenden Beschluß kann lediglich der Antragsteller Beschwerde einlegen, § 14 Abs. 4 Satz 2 SchlHUntG. Hinsichtlich der Verfahrenskosten kommen nach § 22 SchlHUntG die Vorschriften der Kostenordnung in Frage. Die Unterbringungskosten muß — entsprechend dem Gedanken der Störerhaftung — der Trinker nach § 25 Abs. 1 SchlHUntG selbst tragen. Die Vollstreckung obliegt der antragstellen-

---

[51] Vgl. Böning in SchlHA 1958, 328.

[52] Vgl. Böning in SchlHA 1958, 305.

[53] Vgl. Reichhard Anm. 2 zu § 10.

den Behörde[54]. Soweit der Unterzubringende die Anstalt nicht freiwillig aufsucht, ist er gegebenenfalls zwangsweise im Wege der Amtshilfe durch die Polizei zuzuführen.

III. Zwangsunterbringung nach § 73 Abs. 2 BSHG

Eine dritte Möglichkeit, Trinker gegen ihren Willen in einer Trinkerheilanstalt unterzubringen, bietet das BSHG, das in seinem § 73 Abs. 2 und 3 erstmalig eine zwangsweise Unterbringung aus Fürsorgegründen vorsieht[55]. Wir untersuchen zunächst, welche Voraussetzungen erfüllt sein müssen.

1. Materiell-rechtliche Regelung

Für eine Unterbringung nach § 73 Abs. 2 BSHG ist erforderlich, daß es sich bei der unterzubringenden Person um einen Gefährdeten im Sinne des § 72 BSHG handelt. Trinker sind im allgemeinen gefährdete Personen im Sinne des § 72 BSHG. Es ist weiter für eine Unterbringung erforderlich, daß der Trinker aufgefordert worden ist, freiwillig eine Heilstätte aufzusuchen[56] und daß der Trinker die ihm angebotene Hilfe abgelehnt hat. Dies gilt jedoch nicht für jeden Fall. Es gibt Fälle, in denen bereits nach Bekanntwerden der Gefährdung deutlich ist, daß offene Hilfe nicht mehr in Frage kommt[57]. Bei vielen chronischen Trinkern trifft das zu, weil bei ihnen zum Zeitpunkt der Meldung nur noch eine stationäre Entziehungskur oft in Frage kommt.

Ferner ist für eine Unterbringung nötig, daß die im § 73 Abs. 2 Nr. 1—3 BSHG aufgeführten Voraussetzungen, die kumulativ vorliegen müssen, erfüllt sind. Danach muß der Unterzubringende zunächst besonders willensschwach sein. Diese Voraussetzung soll bei den Gefährdeten gegeben sein, denen es an innerer Festigkeit in besonderem Maße fehlt[58] und die unfähig sind, ihr Handeln oder Unterlassen eigener Einsicht entsprechend zu gestalten[59], die selbst im Bewußtsein, daß sie durch ihre Lebensweise Gefahren für ihren Körper und ihre Gesundheit heraufbeschwören, trotz besseren Willens auch dann nicht in der Lage sind, ihr Schicksal ohne Hilfe anderer zu ändern[60]. Diese Unfähigkeit, die ohne lange Untersuchung sofort feststellbar sein muß[61], wird bei chronischen Trinkern als gegeben anzusehen sein, nicht dage-

---

[54] Vgl. DÖV 1958, 747.
[55] Vgl. zu den früheren Bemühungen um ein Bewahrungsgesetz insbes. Eiserhardt S. 17 ff.; 118 ff.; ferner Petersen, Käthe I S. 263.
[56] Vgl. Petersen, Käthe I S. 262.
[57] Vgl. Gottschick I Anm. 3 zu § 73.
[58] So Petersen, Käthe I S. 263.
[59] Vgl. Gottschick I Anm. 5 a zu § 73.
[60] Vgl. Schellhorn-Jirasek-Seipp S. 129.

gen bei Trinkern im Stadium der einfachen Trunksucht, da diesen im allgemeinen die Fähigkeit nicht fehlt, den sozialen Anforderungen, die Familie und Gesellschaft an sie stellen, noch gerecht zu werden.

Der Unterzubringende muß außerdem verwahrlost oder der Gefahr der Verwahrlosung ausgesetzt sein. Da der Begriff der Verwahrlosung wie der der besonderen Willensschwäche im BSHG nicht näher umschrieben ist, bedarf er wie jener der Auslegung. Diese hat grundsätzlich davon auszugehen, daß der Verwahrlosungsbegriff des § 73 BSHG unter Berücksichtigung des Zusammenhanges dieses Begriffes mit den sonstigen Bestimmungen der Gefährdetenfürsorge zu ermitteln ist[62]. Man wird hierbei allerdings nicht die Meinung Knopp-Biederbicks[63] teilen können, der Verwahrlosungsbegriff im § 73 BSHG entspreche dem des § 14 Abs. 2 des Gesetzes zur Bekämpfung der Geschlechtskrankheiten, weil § 73 BSHG im Gegensatz zu jener Bestimmung, die auf die sittliche Verwahrlosung abstellt, einen weiterreichenden Inhalt hat. Auch kann man der weiten Auslegung von Petersen[64] und Schellhorn-Jirasek-Seipp[65] nicht beipflichten, der Verwahrlosungsbegriff in § 64 JWG decke sich mit dem in § 73 BSHG, da es sich bei § 64 JWG um Erziehungsmaßnahmen gegen Minderjährige handelt und Erwachsene dagegen bei der Lebensgestaltung einen weitaus größeren Spielraum haben, der bei der Beurteilung, ob eine Person verwahrlost ist, zu berücksichtigen ist. Vielleicht wird man mit Gottschick[66] vielmehr Personen dann als verwahrlost ansehen können, wenn deren Verhalten und Zustand, soweit beide nach außen treten, erkennen lassen, daß die betreffenden Personen mit der Erledigung ihrer sozialen Angelegenheiten nicht mehr fertig werden. Im Einzelfall läßt sich das nur unter Berücksichtigung der Sitten und der üblichen Lebensweise derjenigen Bevölkerungsschicht klären, aus der der Betroffene kommt. Beobachtet werden muß auf jeden Fall, daß dem Persönlichkeitsrecht ein weiter Spielraum bleibt. Trinker im Stadium der chronischen Trunksucht, besonders wenn sie sich im Verfallsstadium befinden, können diese Voraussetzungen erfüllen. Sie verkommen äußerlich mehr und mehr. Gemessen am Heer der chronischen Trinker ist diese Trinkergruppe jedoch klein. Da die Gefahr der Verwahrlosung bereits genügen soll, wird man ferner davon auszugehen haben, daß Verwahrlosungsgefahr dann „droht“, wenn ohne Eingreifen mit dem Ein-

---

[61] Vgl. Knopp-Biederbick Anm. 5 zu § 73.

[62] Vgl. Gottschick I Anm. 5 b zu § 73.

[63] Vgl. Knopp-Biederbick Anm. 6 zu § 73.

[64] Vgl. Petersen, Käthe I S. 263.

[65] Vgl. Schellhorn-Jirasek-Seipp S. 130.

[66] Vgl. Gottschick I Anm. 5 b zu § 73.

tritt der Verwahrlosung beim Trinker mit an Sicherheit grenzender Wahrscheinlichkeit zu rechnen ist[67].

Für die Unterbringung ist schließlich erforderlich, daß die Hilfe nur in einer Anstalt oder einer gleichartigen Einrichtung wirksam gewährt werden kann. Wann das der Fall ist, läßt sich nur von Fachkräften der Gefährdetenfürsorge, und hier besonders durch den Arzt, beurteilen[68]. Verspricht andere Hilfe zunächst Erfolg, so ist diese zuerst zu wählen. Entscheidend ist allein Wohl und Gesundung des Trinkers. Eine Einweisung wegen Gefährdung anderer etwa als Maßnahme strafenden Charakters ist unzulässig und von § 73 BSHG nicht gedeckt[69]. Diese letzte Voraussetzung ist bei den chronischen Trinkern erfüllt, für die eine ambulante Behandlung nicht mehr in Frage kommt.

Insgesamt gesehen erfüllen daher nur wenige Trinker die Voraussetzungen einer Zwangsunterbringung nach § 73 Abs. 2 BSHG. Das rührt daher, daß das Merkmal der Verwahrlosung nur bei einem Teil der chronischen Trinker gegeben ist.

Die Hilfe wird ohne Rücksicht auf Vermögen oder vorhandenes Einkommen gewährt. Da die Hilfe wesentlich persönliche Hilfe ist und Einkommen und Vermögen die Gefährdung nicht ausschließen, würde die Heranziehung zu den Kosten bei den Gefährdeten die persönliche Hilfe unmöglich machen[70].

2. *Das Unterbringungsverfahren*

Da es sich bei der Unterbringung nach § 73 Abs. 2 BSHG um eine Freiheitsentziehung[71] im Sinne des Art. 104 GG handelt, die auf Grund Bundesrechts angeordnet werden kann, bestimmt § 73 Abs. 3 BSHG für das Verfahren, daß das Gesetz über das gerichtliche Verfahren bei Freiheitsentziehung (FEVG)[72] anzuwenden ist. Dieses Gesetz verweist im § 3 auf die Vorschriften des Gesetzes über die Angelegenheiten der freiwilligen Gerichtsbarkeit[73]. Im einzelnen ergibt sich folgende Regelung.

Das Unterbringungsverfahren wird durch die Stellung eines Antrages der Verwaltungsbehörde eingeleitet, § 3 FEVG, in dessen Bezirk der Trinker seinen tatsächlichen Aufenthalt hat. Sachlich zuständig

---

67 Vgl. Gottschick I Anm. 5 b zu § 73; Petersen, Käthe I S. 264.
68 Vgl. Gottschick I Anm. 5 c zu § 73.
69 Vgl. Schellhorn-Jirasek-Seipp S. 130.
70 Vgl. Petersen, Käthe I S. 264.
71 a. A. ist Oestreicher Anm. 4 zu § 73, der in der Unterbringung nach § 73 BSHG nur eine Freiheitsbeschränkung sieht.
72 Vgl. BGBl 1956 I S. 599.
73 Vgl. Saage II S. 5; es soll mit dieser Regelung jeder Anklang an ein Strafverfahren vermieden werden; ferner Kersting in JR 1956, 717.

ist nach § 100 Abs. 1 Nr. 5 BSHG der übergeordnete Sozialhilfeträger. Der Antrag ist an dasjenige Amtsgericht zu richten, in dessen Bezirk der Trinker seinen gewöhnlichen Aufenthalt hat; ist dieser nicht feststellbar, ist nach § 4 Abs. 1 FEVG das Amtsgericht zuständig, in dessen Bezirk das Bedürfnis für die Unterbringung eintritt.

Dem Antrag, in dem Gründe darüber anzugeben sind, warum gerade eine Freiheitsentziehung notwendig ist[74], soll nach § 5 Abs. 4 Satz 2 FEVG ein ärztliches Gutachten beigefügt sein. Zwar gilt diese Bestimmung für Unterbringungen in Krankenanstalten, sie wird aber auch gelten müssen, wenn es sich um Unterbringung in andere geeignete Anstalten wie in Trinkerheilstätten handelt[75], da das Gericht auch bei diesen Unterbringungen das Gutachten als erste Arbeitsgrundlage dringend braucht.

Es gilt der Amtsermittlungsgrundsatz. Nach § 5 FEVG ist der Unterzubringende, ehe über die Freiheitsentziehung entschieden wird, mündlich zu hören[76], es sei denn, eine Anhörung ist aus medizinischen Gründen nicht möglich. In diesen Fällen ist dann aber der gesetzliche Vertreter der Anwalt des Unterzubringenden oder der Verfahrenspfleger[77] zu hören, der stets zu bestellen ist, wenn der Trinker sonst nicht vertreten sein würde, § 5 Abs. 2 FEVG. Ist der Trinker verheiratet, ist angesichts der durch die Ehe begründeten Lebensgemeinschaft auch die Anhörung des Ehegatten erforderlich. Nach § 5 Abs. 4 Satz 1 FEVG ist weiter ein ärztlicher Sachverständiger zu hören, dessen Anhörung nicht mündlich zu geschehen braucht. Als ärztlicher Sachverständiger kommt jeder Arzt in Frage, er braucht nicht Facharzt zu sein[78].

Nach § 6 Abs. 1 FEVG entscheidet das Gericht durch Beschluß, der begründet sein muß und in dem eine Frist zu bestimmen ist, vor deren Ablauf über die Fortdauer der Freiheitsentziehung von Amts wegen zu entscheiden ist. Diese Frist darf im Falle der Anordnung nach § 73 Abs. 2 Satz 2 BSHG höchstens sechs Monate nach Rechtskraft des Beschlusses betragen. Wird nicht innerhalb dieser Frist über die Fortdauer der Freiheitsentziehung entschieden, so ist der Trinker freizulassen. Wird die Freiheitsentziehung angeordnet, ist der Beschluß einer Person, die das Vertrauen des Trinkers genießt, der Verwaltungsbehörde, die den Antrag gestellt hat, dem Trinker, gegebenenfalls dessen gesetzlichem Vertreter in den persönlichen Angelegenheiten, bei jugendlichen Trinkern dazu jedem Elternteil und bei verheirateten

---

[74] Vgl. OLG Hamm in JMBlNRW 1957, 81; Saage I Anm. 9 zu § 3.
[75] Vgl. Saage I Anm. 38 zu § 5.
[76] Vgl. Knopp-Biederbick Anm. 9 zu § 73.
[77] Vgl. Reichhard Anm. 2 b, bb, zu § 5.
[78] Vgl. Saage I Anm. 34 zu § 5.

Trinkern den Ehegatten mitzuteilen, gleichgültig, ob diese Personen tatsächlich gehört worden sind oder nicht[79]. Wird die Freiheitsentziehung nicht angeordnet, erfolgt eine Bekanntmachung des Beschlusses nur an den Trinker und an die Verwaltungsbehörde.

Gegen die Entscheidung des Gerichts — gleichgültig, ob die Freiheitsentziehung angeordnet wird oder nicht — ist nach § 7 Abs. 1 FEVG das Rechtsmittel der sofortigen Beschwerde gegeben. Beschwerdeberechtigt sind bei einer die Freiheitsentziehung anordnenden Maßnahme diejenigen Personen, denen der Anordnungsbeschluß bekanntgemacht werden muß. Bei einem eine Freiheitsentziehung ablehnenden Beschluß ist nur die Verwaltungsbehörde beschwerdeberechtigt. Da der Beschluß nach § 8 FEVG erst mit der Rechtskraft wirksam wird, andererseits aber oft eine sofortige Unterbringung dringend geboten ist, hat das Gericht die Möglichkeit in diesen Fällen, die sofortige Wirksamkeit der Entscheidung anzuordnen. Diese Entscheidung ist selbständig nicht anfechtbar. In entsprechender Anwendung des § 24 Abs. 3 FGG kann das Beschwerdegericht lediglich vor der Entscheidung eine einstweilige Anordnung erlassen, durch die die Vollziehung der angefochtenen Anordnung auszusetzen ist, § 8 Satz 2 FEVG.

Kann über die endgültige Unterbringung nicht rechtzeitig entschieden werden, so kann bei Vorliegen dringender Gründe eine einstweilige Unterbringung nach § 11 FEVG auf die Dauer von höchstens sechs Wochen angeordnet werden. Eine Verlängerung dieser Frist ist gesetzlich nicht vorgesehen. Voraussetzung dieser Maßnahme ist, daß dringende Gründe für die Annahme vorliegen, daß die Voraussetzungen für eine Unterbringung erfüllt sind. Ferner muß über die endgültige Unterbringung nicht rechtzeitig entschieden werden können. Der Unterzubringende ist auch in diesem Falle zu hören, es sei denn, Gefahr ist im Verzuge. Die Anhörung ist dann unverzüglich nachzuholen[80], § 11 Abs. 2 FEVG. Nach § 13 FEVG schließlich kann die Verwaltungsbehörde eine vorläufige Festnahme durchführen, die nach Art. 104 Abs. 2 Satz 1 GG nicht schlechthin verboten ist[81]. Ist ein Trinker auf diese Weise untergebracht worden, so hat die Verwaltungsbehörde unverzüglich die richterliche Entscheidung herbeizuführen. Die Freilassung des Trinkers hat zu erfolgen, wenn bis zum Ablauf des der Freiheitsentziehung folgenden Tages die Freiheitsentziehung nicht durch richterliche Entscheidung nach § 6 oder § 11 FEVG angeordnet wird. Der Vollzug einer rechtswirksamen Freiheitsentziehung obliegt der

---

[79] Vgl. Reichhard Anm. 2 b, bb, zu § 5.

[80] Vgl. Saage II S. 5.

[81] Vgl. BVerwGE 4, 196; OVG Münster in DÖV 1955, 476; Holtkotten in BK Anm. 4 a zu Art. 104; Reichhard Anm. 1 zu § 13.

Verwaltungsbehörde. Der sachlich und örtlich zuständige Sozialhilfeträger führt die Einweisung in die Trinkerheilanstalt durch.

Neben diesen eben beschriebenen, gesetzlich zulässigen Formen des Rechtszwanges zur Anstaltsunterbringung gibt es noch einen anderen Weg der Unterbringung von Trinkern: Die Unterbringung von Trinkern auf Grund von § 42 c StGB. Da die vorliegende Arbeit jedoch sich nur mit den Behandlungsmöglichkeiten beschäftigt, die die Trinkerfürsorge bietet, sollen die Voraussetzungen und die Durchführung einer Unterbringung nach § 42 c StGB hier nicht erörtert werden.

B. Sonstige Formen des Rechtszwanges im Bereich der Trinkerfürsorge

I. Allgemeines

Wenn wir bisher die Zwangsunterbringungsmöglichkeiten von Trinkern zu Behandlungszwecken erörtert haben, so hat es sich nur um eine Form des Rechtszwanges gehandelt. Es gibt im Bereich der Trinkerfürsorge noch andere Erscheinungsformen des Zwanges, die vorwiegend in der ambulanten Trinkerfürsorge auftreten und die ebenfalls sich im Tatsächlichen als Zwangsmaßnahmen erweisen. Wir wissen bereits aus dem ersten Teil dieser Arbeit, daß es eine Reihe von Situationen in der ambulanten Trinkerfürsorge gibt, in denen sich Zwangsmaßnahmen milderer oder härterer Art in einem gewissen Umfang als notwendig erweisen. So muß es möglich sein, daß der Trinkerfürsorger nach Kenntnisnahme eines Trunksuchtsfalles den Trinker besuchen und sprechen kann. Weiter ist erforderlich, daß der zuständige Amtsarzt, um Behandlungsvorschläge zu machen, vorher den Trinker untersucht. Ferner ist in einer Vielzahl von Fällen notwendig, daß die wirtschaftlichen und beruflichen Angelegenheiten geordnet werden, um den Trinker, der selbst dazu nicht mehr in der Lage ist, und seine Familie vor weiterem Abgleiten zu bewahren. Diese wenigen Beispiele ließen sich beliebig vermehren. Sie zeigen, daß die Trinkerfürsorge, um erfolgreich arbeiten zu können, einzelner Zwangsmaßnahmen bedarf. Da die private Trinkerfürsorge für durchsetzbare Zwangsmaßnahmen nicht in Betracht kommen kann, fallen naturgemäß diese Fälle in das Arbeitsgebiet der staatlichen ambulanten Trinkerfürsorge, die in der Praxis auch in den verschiedensten Formen Zwang ausübt. Hier erhebt sich die Rechtsfrage, ob jener ausgeübte tatsächliche Zwang auch als Zwang im Rechtssinne anzusehen ist und welche gesetzlichen Grundlagen einen solchen Zwang für zulässig erachten. Diese Frage kann nur dann fruchtbar behandelt werden, wenn wir zuvor kurz die tatsächlich vorkommenden Formen des Zwanges im Bereich der ambulanten Trinkerfürsorge darstellen, damit wir im einzelnen ein Bild von den tatsächlich geübten Zwangsmaßnahmen bekommen.

II. Formen sonstigen Rechtszwanges

Die ambulante staatliche Trinkerfürsorge kann in vielfältiger Weise Zwang auf Trinker ausüben. So kann Zwang bereits nach Kenntnisnahme eines Trunksuchtsfalles ausgeübt werden, wenn der Trinker nämlich der üblicherweise erfolgenden Vorladung zum Gesundheitsamt keine Folge leistet und der Trinkerfürsorger zu einer ersten Fühlungnahme einen Hausbesuch macht. Da die Trinker sich gegen einen solchen Hausbesuch erfahrungsgemäß wehren mit dem Hinweis, bei ihnen sei kein Grund zu fürsorgerischer Beobachtung und Pflege gegeben, weisen die Trinkerfürsorger dann gern auf bestehende Zwangsmöglichkeiten hin, um damit Einlaß zu erhalten. Meistens gelingt das mit Hilfe dieses „Tricks" dann auch. Ist der Kontakt zwischen dem Trinker und dem Trinkerfürsorger hergestellt, versucht der Trinkerfürsorger im Verlauf der einsetzenden Betreuung in vielfacher Weise Änderungen im Leben des Trinkers und seiner Familie herbeizuführen, weil erfahrungsgemäß vom medizinischen Standpunkt aus nur eine Änderung und Umstellung der persönlichen Verhältnisse eine Aussicht auf Heilung eröffnen. So erteilt der Trinkerfürsorger „Ratschläge" in Fragen der Wohnverhältnisse, der Berufsausübung, der häuslichen Wirtschafts- und Familienverhältnisse und in Fragen der Kindererziehung. Er nimmt ferner Einfluß auf die Freizeitgestaltung und unter Umständen sogar auf die Vermögensverhältnisse. Dazu kommt, daß der Trinker gehalten ist, in Abständen zum Gesundheitsamt zu kommen, um sich dort untersuchen oder an sich ambulante Entziehungskuren durchführen zu lassen. In vielen Fällen lassen sich diese tief eingreifenden Maßnahmen nur erreichen, wenn dem Trinker bei Nichtbefolgung der angeordneten Maßnahmen mit der Zwangsunterbringung gedroht wird. So geschieht es immer wieder, daß unter Anwendung dieser Druckmittel Trinker dazu gebracht werden, „freiwillig" eine ambulante Entziehungskur durchzuführen oder eine Heilstätte zum Zwecke der stationären Entziehungskur aufzusuchen. In diesem Zusammenhang ist der Bericht bei Solms[1] beachtenswert, daß bei den ihm zur Kenntnis gelangten durchgeführten ambulanten Entziehungskuren nur 18 % wirklich freiwillig und 39 % (!) unter Druck „freiwillig" sich behandeln ließen und daß bei stationären Entziehungskuren nur 7,6 % völlig frei, dagegen 71,1 % (!) unter Druck „freiwillig" in die Anstalt gekommen waren. Ferner wird oftmals mit der Entziehung aller finanziellen Unterstützungen für die Trinkerfamilie gedroht, falls der Trinker sich

[1] Vgl. Solms S. 331. Nähere Angaben macht Solms leider nicht.

nicht in eine Heilstätte freiwillig begibt. Diese Erfahrungen sind symptomatisch für den allgemeinen Bereich der ambulanten Trinkerfürsorge[2].

III. Zur rechtlichen Beurteilung der Zwangsmaßnahmen

Die Beurteilung dessen, ob die vielfachen Formen tatsächlich geübten Zwanges auch Zwangsmaßnahmen im Rechtssinne sind, hängt davon ab, ob die Maßnahmen auch effektiv zu Rechtswirkungen führen. Fragen wir daher, ob diese Art ambulanter Betreuung Rechtswirkungen hervorruft.

Wenn die Trinkerfürsorge „Ratschläge" in bezug auf den Aufenthaltsort, den Beruf, die Verwendung des Arbeitsverdienstes, das Familienleben und auf die sonstige Freiheit des Trinkers erteilt — aus welchen wohlmeinenden Gründen auch immer sei dahingestellt —, so liegt es auf der Hand, daß die Trinkerfürsorge durch die Erteilung jener „Ratschläge", die wohl besser als Weisungen zu kennzeichnen sind, effektiv auf die Lebensgestaltung der Trinker einen außerordentlich großen Einfluß ausüben kann. Wenn auch die erteilten Weisungen, die die Freiheit des einzelnen Trinkers tatsächlich beeinträchtigt, nur unverbindlich sein sollen, so ist der Trinker dennoch unfrei in seinen Entscheidungen, da ihm bei Zuwiderhandlung gegen die Weisung eine Zwangsunterbringung droht. Dieser mittelbare Druck reicht aus, um die ambulanten Maßnahmen auch rechtlich als Zwangsmaßnahmen anzusehen[3]. Die Trinkerfürsorge kann de facto die Lebensführung des Trinkers derart beeinflussen und kontrollieren und den Trinker theoretisch nahezu lückenlos beaufsichtigen, daß von einer eigenen Lebensführung kaum mehr die Rede sein kann. Eine derartige Betreuung führt zu weitgehenden Rechtsbeschränkungen, für die es nur im Rechtsinstitut der Bewährungsauflage und der damit verbundenen Rechtseinschränkungen eine Parallele gibt. Diese Maßnahmen führen dazu, daß der Trinker effektiv das Recht auf Freizügigkeit, das Recht der freien Berufswahl, das Recht der freien Wahl des Arbeitsplatzes und das Recht auf freie, selbständige Freizeitgestaltung verliert. Diese indirekten Rechtseinschränkungen bewirken daher wegen ihres tiefen Eingriffs in die persönliche Freiheit personenrechtliche Veränderungen größten Ausmaßes, die nur als Statusveränderungen begriffen werden können[4]. Die Maßnahmen sind daher auch im Rechtssinne Zwangs-

---

[2] Vgl. Schellhorn S. 24.

[3] Vgl. dazu Stree S. 138.

[4] Vgl. dazu bes. Mayer II S. 51 ff. und 151 ff.

maßnahmen, deren Zwangscharakter von den Trinkern selbst auch als solche erkannt und als solche empfunden werden. Nicht ohne Grund fassen Trinker gewöhnlich viel eher zu den privaten Trägern der Trinkerfürsorge Vertrauen, weil ihnen dort im Gegensatz zur staatlichen Trinkerfürsorge, die für sie Zwang, Bevormundung und Freiheitsbeschränkung bedeutet, die Anonymität gesichert erscheint[5]. Das hat dazu geführt, daß in letzter Zeit die freien Verbände immer mehr auch die Erfassung und die Erstberatung von Trinkern übernommen haben.

IV. Zu den Rechtsgrundlagen der Zwangsmaßnahmen

Wenn sich jene Zwangsmaßnahmen auch rechtlich als Zwangsmaßnahmen darstellen, so drängt sich die Frage nach der Rechtsgrundlage für derartig schwerwiegende Eingriffsmöglichkeiten auf.

Da es sich bei den von der Trinkerfürsorge vorgenommenen Handlungen weitgehend um Eingriffe in Grundrechte handelt, in die im Falle eines bestehenden Gesetzesvorbehaltes nur auf Grund eines Gesetzes eingegriffen werden kann, ist zu prüfen, welche Gesetze einen solchen Eingriff zulassen.

In Betracht kommt hierbei zunächst das Strafgesetzbuch. Nach den §§ 23, 24 StGB können im Rahmen der Aussetzung des Vollzuges einer erkannten Freiheitsstrafe zur Bewährung bei Trinkern Bewährungsauflagen erteilt werden, die sich in der oben beschriebenen Weise gestalten lassen. So kann als Bewährungsauflage ausgesprochen werden, daß ein Trinker Weisungen zu befolgen hat, die sich auf seinen Aufenthaltsort, seinen Beruf und seine Freiheit beziehen, § 24 Abs. 1 Nr. 2 StGB. Es kann dem Trinker auferlegt werden, einem Enthaltsamkeitsverein beizutreten. Ferner besteht nach § 24 Abs. 1 Nr. 3 StGB die Möglichkeit, dem Trinker aufzuerlegen, sich ambulant behandeln zu lassen oder eine stationäre Entziehungskur durchzuführen. Nach § 24 Abs. 1 Nr. 6 StGB kann ein Trinker sogar einer generellen Aufsicht eines Bewährungshelfers, der ein Trinkerfürsorger sein kann, unterstellt werden mit der Folge, daß seine gesamte Lebensführung überwacht und gestaltet wird. Hat der verurteilte Trinker freiwillig angeboten, sich solchen Maßnahmen zuzuwenden, so kann das Gericht zunächst nach § 24 Abs. 2 StGB von entsprechenden Auflagen absehen und damit dem Trinker einen Vertrauensbeweis geben. § 24 StGB ermöglicht es, solche Auflagen nachzuholen, wenn der Täter aus eigener

---

[5] Vgl. Hartenfels S. 6; Jüngling S. 9; SenatB S. 9.

Kraft seine guten Vorsätze nicht durchzuführen vermag[6]. Die gleichen Auflagen können im Rahmen der bedingten Entlassung, die die Befugnis der Gnadenbehörden unberücksichtigt läßt, nach § 26 StGB erteilt werden[7].

Die eben skizzierten gesetzlichen Grundlagen beziehen sich aber nur auf den sehr geringen Teil derjenigen Trinker, die mit dem Strafgesetz in Konflikt geraten sind und im Rahmen eines Strafverfahrens auf Grund strafrechtlicher Bestimmungen der ambulanten Trinkerfürsorge zulässigerweise unterstellt sind. Weitaus wichtiger ist jedoch zu wissen, auf Grund welcher gesetzlichen Grundlagen die anderen Trinker Rechtsbeschränkungen unterworfen werden. In Betracht zu ziehen wäre, daß im bisherigen, vor dem BSHG geltenden Fürsorgerecht es Bestimmungen über Rechtszwang in der ambulanten Fürsorge gegeben hat. Dies war jedoch nicht der Fall. Man könnte dann aber annehmen, daß nunmehr im BSHG entsprechende Regelungen zu finden wären. Aus Gründen der Systematik würde man sie bei § 73 BSHG suchen müssen. Man sucht jedoch auch hier vergeblich, da bei der Schaffung des BSHG zwar die Regelung der vollen stationären Freiheitsentziehung, nicht jedoch auch die des ambulanten Rechtszwanges für erforderlich gehalten worden ist. In Anbetracht der Tatsache, daß sich in der ambulanten Trinkerfürsorge Zwangsmaßnahmen nicht vermeiden lassen, die in die Grundrechtssphäre der Hilfsbedürftigen eingreifen, ist eine rechtliche Klärung auch und gerade des ambulanten Behandlungszwanges dringend erforderlich. Aus verfassungsrechtlichen Gründen wäre eine Regelung bei § 73 BSHG dringend erforderlich gewesen. Unter den jetzigen Umständen begegnen dem geübten ambulanten Behandlungszwang hinsichtlich seiner rechtlichen Zulässigkeit allergrößte verfassungsrechtliche Bedenken. Der in der bisherigen Weise geübte Behandlungszwang in der ambulanten Trinkerfürsorge dürfte als unzulässig anzusehen sein. Es wäre Aufgabe einer Ergänzungsnovelle zum BSHG, diese bestehenden Lücken schnellstens zu schließen, um auch im Bereich der ambulanten Trinkerfürsorge eine verfassungskonforme Tätigkeit zu gewährleisten. Verwaltungsverordnungen wie die 3. DVO zum Gesetz zur Vereinheitlichung des Gesundheitswesens, die in ihrem § 6 für die Fürsorge folgende Regelung vorsieht: „Die beim Gesundheitsamt beschäftigten Gesundheitspflegerinnen haben durch Hausbesuche und Hilfe in den Beratungsstellen die Ermittlungen und Feststellungen zu unterstützen und beratend einzugreifen (!)“ und die gelegentlich offensichtlich als Rechtsgrundlage für die ambulante Tätigkeit

---

[6] Vgl. Riemenschneider in MschrKrim 1956, 31; Sieverts S. 15.

[7] Vgl. zu den Fragen der Auflagenerteilung bei Trinkern vor allem Riemenschneider in MschrKrim 1956, 31; Sieverts S. 15; Waaben S. 13.

betrachtet wird[8], reichen nicht aus, weil ihnen der erforderliche Gesetzescharakter nicht innewohnt, den eine solche Eingriffe zwangsmäßiger Art zulassende Regelung haben muß.

Bei einer Ergänzung des BSHG bedürfte es einer genauen Überlegung, wann überhaupt solche Zwangseingriffe gerechtfertigt sind und wo ihre Grenzen liegen. Diese Überlegungen rühren an die allgemein wichtige Frage, ob und unter welchen Voraussetzungen überhaupt im Bereich der Trinkerfürsorge Zwangsmaßnahmen als zulässig zu erachten sind. Wir werden uns mit diesem Fragenkreis in einem letzten Abschnitt befassen müssen, in dem wir die drei geltenden Rechtsgrundlagen für zwangsweise Anstaltsbehandlungen einer kritischen Untersuchung unterziehen wollen.

---

[8] Vgl. Schröder S. 424.

Fünfter Abschnitt

Kritische Untersuchung der drei geltenden Rechtsgrundlagen für zwangsweise Anstaltsbehandlung

A. Das rechtliche Verhältnis der Rechtsgrundlagen zueinander

Unterziehen wir die drei Rechtsgrundlagen für zwangsweise Anstaltsbehandlungen einer kritischen Prüfung, so ist, da das Recht drei Möglichkeiten des Zwanges zur Wahl stellt, ohne daß geklärt wäre, in welcher Reihenfolge sie anzuwenden sind, darüber Klarheit zu erzielen, wie sich die drei Rechtsgrundlagen rechtlich zueinander verhalten. Eine solche Prüfung erfordert, ehe überzeugende Aussagen gemacht werden können, daß wir zuvor auf die praktische Bedeutung der drei Zwangsbehandlungsmöglichkeiten eingehen.

I. Die praktische Bedeutung der einzelnen Zwangsbehandlungsmöglichkeiten

Die einzelnen Zwangsbehandlungsmöglichkeiten sind ihrer praktischen Handhabung und damit ihrer praktischen Bedeutung nach höchst verschieden.

1. Die Unterbringung durch den Vormund

So ist die Entmündigung mit anschließender Unterbringung zum Zwecke einer Zwangsbehandlung heute nicht mehr von so großer praktischer Bedeutung. Früher war die Entmündigung mit anschließender Zwangsunterbringung der einzige Weg, Trinker im außerstrafrechtlichen Bereich in eine Entziehungsanstalt unterzubringen. Man glaubte lange Zeit, daß sich eine Heilung nicht nur durch medizinische Behandlungsmethoden erreichen lasse, sondern man war auch davon überzeugt, daß mit der Erzeugung von Furcht vor Strafen und Drohung mit weiterer Entrechtung beim Trinker ein Antrieb zur Änderung seiner Lebensführung geschaffen werden könne. Man glaubte, daß mit Repression und Degradierung der Trinker eher zur Einsicht und Besserung gebracht werden könne als mit einer verständigen Zuwendung zu ihm. Auch heute wird mancherorts[1] noch die Auffassung vertreten, man sollte bei Trinkern weitgehend von der Entmündigung Gebrauch machen. Im allgemeinen werden jedoch andere Wege für möglich gehalten und beschritten. Das liegt zu einem großen Teil daran, daß es jetzt mehr Möglichkeiten für Zwangsbehandlungen gibt, zum anderen Teil aber auch daran, daß man auf Grund des Standes der medizinischen und sozialwissenschaftlichen Erkenntnis weiß, daß Abschreckung, Entmündigung, Bewahrung und Bestrafung gerade das Gegenteil des erstrebten Erfolges bewirken und daß vielmehr Milderung des Zwanges, Beschränkung des Zwanges auf außerordentlich geringe, notwendige Fälle, vor allem aber die Gewinnung des Trinkers nach den Grundsätzen einer vertieften Einzelhilfe im Sinne einer „case work" geeignet sind, den Trinker von der Truksucht zu heilen[2]. Dieses Ziel läßt sich nicht durch die Entmündigung erreichen, die bedeutende zivilrechtliche und öffentlich-rechtliche Nachteile für den Trinker bringt[3]. Diese Einsichten haben den Weg der Entmündigung wenig wünschenswert gemacht[4] und dazu geführt, daß die Fürsorgebehörden in geringem Umfange eine Entmündigung anregen. Als Beispiel für diese Entwicklung seien die getroffenen Maßnahmen der Trinkerfürsorgestelle München[5] angeführt, aus denen deutlich hervorgeht, daß die Entmündigung im Vergleich zu anderen Maßnahmen heute nur noch eine geringe Rolle spielt.

Tabelle 9

Maßnahmen des Gesundheitsamts München gegen Trinker

Jahr	Freiwillige Entziehungs-kuren	Entmündigungen	Einweisungen nach Unter-bringungsgesetz
1955	6	3	48
1956	6	4	51
1957	23	3	67
1958	20	19	76
1959	14	12	88
1960	16	9	86
1961	2	6	83
1962	11	4	110

[1] So z. B. Langelüddeke S. 84.
[2] Vgl. Klingebiel in NDV 1956, 369.
[3] Vgl. Becker in NJW 1952, 51 und Kobelt in MDR 1952, 395.
[4] Vgl. BT-Drucksache S. 51; Becker in NJW 1952, 51; Kobelt in MDR 1952, 395; Klingebiel in NDV 1956, 369; Schnapp S. 9.
[5] Die Zahlen sind dem Verfasser vom Gesundheitsamt der Stadt München mitgeteilt worden.

2. Die Unterbringung auf Grund der Ländergesetze

Hinsichtlich der Unterbringung von Trinkern auf Grund der polizeilichen Ländergesetze mag man auf Grund der eben dargestellten Maßnahmen des Münchener Gesundheitsamtes der Meinung sein, daß diesen Behandlungsmöglichkeiten eine größere praktische Bedeutung zukommt. Das ist insofern richtig, als bis zum Inkrafttreten des BSHG die Ländergesetze neben der Einweisung durch den Vormund die einzige Möglichkeit für eine zwangsweise Behandlung in einer Trinkerheilanstalt im Wege der Fürsorge boten und als für die Einweisung lediglich eine die Öffentlichkeit störende Handlung erforderlich ist, die man bei Trinkern bei ausdehnender Auslegung unter Umständen schnell als geschehen ansehen kann. Man darf jedoch die Zahlen aus München nicht verallgemeinern, da bezüglich der Häufigkeit von Unterbringungen nach Ländergesetz andererseits das Gegenteil aussagende Berichte vorliegen. So wird für das Jahr 1959 hinsichtlich der auf Grund des SchlHUntG getroffenen Einweisungen wegen Trunksucht berichtet[6], daß gemessen am Stand der betreuten Trinker insgesamt nur sehr wenige auf Grund des SchlHUntG zwangsweise zu Zwecken einer Entziehungskur untergebracht worden sind. Wir geben auch diesen Bericht tabellarisch wieder.

Tabelle 10

Gerichtliche Entscheidungen auf Grund des SchlHUntG für 1959

	Insgesamt	dav. wegen Trunksucht
Endgültige Unterbringungsanordnungen	241	22
Fortdaueranordnungen	200	5
Einstweilige Anordnungen	716	30
Aufhebungsanordnungen	204	7

Da diese Unterbringung vom Gesetzgeber ausdrücklich als Mittel polizeilicher Gefahrenabwehr und nicht als notwendige Hilfegewährung für den Trinker gedacht ist[7], sie vielmehr als Repressionsakt der Gesellschaft wirkt, ist diese Möglichkeit der Zwangsbehandlung wegen ihrer negativen Auswirkungen auf den Trinker als wenig erfolgreich anzusehen.

---

6 Vgl. SchlHA 1960, 131.

7 Vgl. für das SchlHUntG Böning in SchlHA 1960, 136; OLG Schleswig in SchlHA 1960, 312.

3. Die Unterbringung nach § 73 Abs. 2 BSHG

Größere praktische Bedeutung dagegen dürfte der Unterbringungsmöglichkeit von Trinkern nach § 73 Abs. 2 BSHG zukommen. Zwar können wegen der kurzen Geltungsdauer des BSHG noch keine Ergebnisse über die Handhabung der darin vorgesehenen Zwangsunterbringungsmöglichkeiten vorliegen, es besteht aber berechtigter Grund zur Annahme, daß die Trinker nunmehr auf Grund dieser Rechtsgrundlage behandelt werden. Dies deshalb, weil zum ersten Mal nach dem BSHG eine Unterbringung aus fürsorgerischen Gründen möglich ist, die nach dem Stand der Erkenntnisse am dienlichsten für eine Trinkerheilung ist. Eine Unterbringung auf Grund des § 73 Abs. 2 BSHG hat nicht Repression, Entrechtung und Degradierung zum Ziel, sondern will allein persönliche Hilfe gewähren.

II. Ansätze im positiven Recht über das rechtliche Verhältnis der Rechtsgrundlagen zueinander

Obwohl mit dem Inkrafttreten des BSHG und der damit neu geschaffenen Unterbringungsmöglichkeit des § 73 Abs. 2 BSHG eine dritte Möglichkeit für Zwangsunterbringungen geschaffen wurde und mangels einer klärenden Regelung die Frage des Verhältnisses der Unterbringungsmöglichkeiten zueinander akut geworden ist, ist dieser für die Praxis bedeutsamen Rechtsfrage in dem dafür in Frage kommenden Schrifttum, von einer Ausnahme abgesehen[8], bisher überhaupt keine Beachtung geschenkt worden. Man könnte daraus schließen, daß dieser Fragenkreis unproblematisch sei. Wir werden aber gleich sehen, daß zwei völlig gegensätzliche Auffassungen vertreten werden, die in ihrer Wirkung für die Heilung der Trinker von großem Unterschied sein können.

1. Die Subsidiarität der Zwangsunterbringung nach § 73 Abs. 2 BSHG

Es ließe sich die Meinung vertreten, daß § 73 Abs. 2 BSHG zu allen anderen Vorschriften im Verhältnis der Subsidiarität steht. Für eine solche Auslegung sprächen die Motive bei der Schaffung des BSHG, wie sie in der amtlichen Begründung zum Ausdruck gekommen sind. Dort[9] heißt es: „Eine Zwangsbestimmung ist notwendig, weil die vorhandenen gesetzlichen Vorschriften ... nicht ausreichen und überdies anderen Zielen dienen als die Bestimmungen über die Gefährdeten. Das gilt für das Strafrecht wie auch für die Regelungen gesundheitspolizeilicher oder allgemeinpolizeilicher Art. Auch die Bestimmungen

---

[8] Vgl. Knopp-Biederbick Einleitung S. 15 und Anm. 3 zu § 73.

[9] Vgl. Amtliche Begründung, abgedruckt bei Mergler S. 212.

des Bürgerlichen Gesetzbuches über die Entmündigung genügen, wie die Praxis zeigt, hier nicht." Aus diesen Worten könnte man folgern, daß mit der Unterbringungsmöglichkeit des § 73 Abs. 2 BSHG nur diejenigen Fälle erfaßt weren sollen, bei denen die Voraussetzungen der anderen Unterbringungsmöglichkeiten nicht gegeben sind. § 73 Abs. 2 BSHG käme demnach die Bedeutung eines Auffangtatbestandes zu. Für eine solche Auslegung treten Knopp-Biederbick ein[10], die eine zwangsweise Unterbringung nach § 73 Abs. 2 BSHG nur im äußersten Notfall und nur dann für erlaubt halten wollen, wenn die Voraussetzungen für die anderen Unterbringungsmöglichkeiten nicht erfüllt sind.

Ferner ließe sich auf den ersten Blick für die Subsidiarität des § 73 Abs. 2 BSHG der generelle Grundsatz der Subsidiarität aller fürsorgerischen Hilfe anführen. Da auch die Zwangsunterbringung nach § 73 Abs. 2 BSHG ein Akt der Fürsorge ist und fürsorgendes Handeln immer nur dann in Frage kommen soll, wenn andere Hilfsmöglichkeiten versagen oder nicht in Frage kommen, wäre zuerst zu prüfen, ob nicht andere außerfürsorgerechtliche Möglichkeiten gegeben sind[11].

Schließlich wäre in Betracht zu ziehen, ob für die Ermittlung des rechtlichen Verhältnisses der Unterbringungsgrundlagen im Sinne einer Subsidiarität des § 73 Abs. 2 BSHG nicht die Regelung des BSHG in Bezug auf Zwangsunterbringungen in Arbeitshäusern entsprechend angewandt werden könnte. § 26 BSHG, der die Unterbringung in einer Arbeitseinrichtung zum Gegenstand hat, regelt in seinem Abs. 4 das Verhältnis der in fürsorgerischem Interesse erfolgenden Unterbringung zu der Unterbringung, die als Vollstreckung einer Freiheitsstrafe oder als Maßregel der Sicherung und Besserung durchgeführt wird, in der Weise, daß die strafrechtlichen Maßnahmen den fürsorgerischen vorzugehen haben. Da diese Regelung davon ausgeht, daß Strafrechtsmaßnahmen Fürsorgerechtsmaßnahmen infolge des Vorranges des Strafvollzuges im Rechtssystem[12] in jedem Falle vorzugehen haben, der Vorrang des Strafrechts aber vor personenfürsorgenden Maßnahmen in seiner Begründung lebhaft umstritten ist, wird man diesen Gesichtspunkt nicht so ohne weiteres heranziehen können. Bereits Gottschick[13] hat in diesem Zusammenhang darauf hingewiesen, daß der im § 26 BSHG bestimmte Vorrang strafrechtlicher Maßnahmen nicht in jedem Falle den Interessen einer erstrebten Resozialisierung dienen könne.

---

10 Vgl. Knopp-Biederbick Anm. 3 zu § 73.
11 Vgl. Knopp-Biederbick Einleitung S. 15.
12 Vgl. Mergler Anm. 13 zu § 26.
13 Vgl. Gottschick I Anm. 9 zu § 26.

Insgesamt gesehen lassen sich daher auf den ersten Blick eine Reihe von Gründen dafür anführen, daß § 73 Abs. 2 BSHG zu anderen Unterbringungsmöglichkeiten subsidiär sei.

2. Die Vorrangigkeit der Zwangsunterbringung nach § 73 Abs. 2 BSHG

Bei näherer Untersuchung läßt sich die eben skizzierte Auffassung, die Unterbringungsmöglichkeit des § 73 Abs. 2 BSHG sei anderen Unterbringungsmöglichkeiten gegenüber subsidiär, nicht aufrechterhalten. Zwar ist richtig, daß die Entstehungsgeschichte des BSHG zunächst für eine subsidiäre Geltung des § 73 Abs. 2 BSHG spricht. Man wird aber die Entstehungsgeschichte dann nicht berücksichtigen können, wenn eine objektive Auslegung des Tatbestandes zu einer anderen Auslegung nötigt. Wenn es Aufgabe des § 73 Abs. 2 BSHG sein soll, nunmehr auch Unterbringungsmöglichkeiten für diejenigen Fälle zu schaffen, die auf Grund der bestehenden, bisherigen gesetzlichen Möglichkeiten nicht untergebracht werden konnten, dann sollen die Tatbestandsvoraussetzungen des § 73 Abs. 2 BSHG als so weitgehend verstanden werden, daß über den bisher erfaßten Personenkreis hinaus die anderen Personen miterfaßt werden sollten. Das bedeutet jedoch, daß die Tatbestandsvoraussetzungen weiter als die bisher geltenden Tatbestandsvoraussetzungen sein sollten. Die Fassung des § 73 Abs. 2 BSHG ist dann auch so angelegt worden. Das hat zur Folge, daß in all denjenigen Fällen, bei denen die Voraussetzungen der bis zum Inkrafttreten des BSHG bereits geltenden anderen Unterbringungsgesetze vorliegen, nunmehr auch die Voraussetzungen des § 73 Abs. 2 BSHG erfüllt sind. § 73 Abs. 2 BSHG muß daher allein schon seiner Fassung wegen als so weitgehend anzusehen sein, daß sich die Voraussetzungen aller bisherigen Unterbringungsgesetze mit denen des § 73 Abs. 2 BSHG decken. Liegt so beispielsweise ein Unterbringungsfall vor, auf den die Voraussetzungen eines Landesgesetzes zutreffen, liegen gleichzeitig die Voraussetzungen des § 73 Abs. 2 BSHG vor. Dieses Ergebnis ist nicht überraschend, da letztlich allen Unterbringungsmöglichkeiten doch in einem gewissen Sinne ein fürsorgerisches Motiv zu Grunde liegt. Eigentlich sind es nur verschiedene Anlässe, die dazu führen, daß der Trinker entweder durch die Fürsorgebehörden, durch die Ordnungsbehörden oder durch den Strafrichter eingewiesen wird. In allen Fällen handelt es sich bei den zu treffenden Maßnahmen um fürsorgerische Heilmaßnahmen[14].

Wenn so gesehen der Tatbestand des § 73 Abs. 2 BSHG sich mit den anderen Unterbringungsmöglichkeiten deckt, bleibt zu klären, welche

---

[14] Vgl. Mayer I S. 391.

Rechtsgrundlage dann vorrangig ist. Bei der Entscheidung dieser Frage ist zu bedenken, daß eine Behandlung dann erfolgreich ist, wenn sie mit möglichst wenigen rechtlichen Nachteilen für den Trinker verknüpft ist. Das bedeutet, daß diejenige Behandlung den Vorrang hat, die mit ihren personenrechtlichen Zwangswirkungen am maßvollsten von allen ist. Die Vorrangigkeit des maßvollsten Weges ergibt sich auch vom Recht her, da auf Grund des im öffentlichen Recht geltenden Grundsatzes der Verhältnismäßigkeit bei zwangsmäßigen Eingriffen in Rechte einer Person nur diejenige Maßnahme gerechtfertigt ist, die für die Person, die den Zwangseingriff zu dulden hat, mit den geringsten Einbußen verbunden ist. Unter diesem Gesichtspunkt hat die Unterbringungsmöglichkeit des § 73 Abs. 2 BSHG allen anderen vorzugehen.

Welche anderen Folgerungen sich aus diesem Ergebnis für die anderen Unterbringungsmöglichkeiten, insbesondere bezüglich deren weiterer Notwendigkeit, ergeben, darüber ist in einem letzten Teil dieses Abschnittes zu handeln, in dem erörtert werden soll, ob und unter welchen Voraussetzungen derartige Zwangsunterbringungsmaßnahmen überhaupt gerechtfertigt sind.

B. Zulässigkeit und Grenzen der Zwangsbehandlungen

I. Grundsätzliches

Die Frage nach der Zulässigkeit derartiger stationärer Zwangsbehandlungen ist wegen der damit verbundenen Rechtbeschränkungen bisher im Fürsorgerecht und auf anderen Rechtsgebieten häufig Gegenstand von Erörterungen gewesen[1]. Mehr denn je bedarf auch heute diese Frage einer überzeugenden Begründung, da die Maßnahmen zu tief eingreifenden Grundrechtseinbußen führen.

1. Zu den im allgemeinen angegebenen Rechtsgründen

Die Frage nach der Zulässigkeit ist eine Frage nach dem Rechtsgrund jener Maßnahmen. Es werden üblicherweise verschiedene Gründe als Rechtsgründe angeführt. So sollen die Landesunterbringungsgesetze der öffentlichen Gefahrenabwehr dienen. Die auf Grund dieser Gesetze getroffenen Maßnahmen sollen ihren Rechtsgrund in der Notwendigkeit der Verhütung von Ordnungsstörungen haben. Bei den

[1] Vgl. für den Bereich des Fürsorgerechts die frühe Arbeit von Wolfgang Breithaupt: Öffentliches Armenrecht und persönliche Freiheit, 1915, sowie stellvertretend für das Strafrecht Hellmuth Mayer, Strafrecht, Allgem. Teil, 1953, S. 36 ff.; ferner Stree, a. a. O.

anderen Unterbringungsmöglichkeiten wird der Rechtsgrund für Zwangsmaßnahmen in der Notwendigkeit gesehen, dem Trinker zu dessen Wohl und Nutzen helfen zu müssen. Diese allgemein gegebenen Begründungen kann man jedoch nicht so ohne weiteres als gültige Rechtsgründe anerkennen. Bei genauer Betrachtung stellen sie sich nämlich gar nicht als Rechtsgrund dar, der sich als ein solcher nur vom rechtlichen Inhalt und den rechtlichen Wirkungen der Maßnahme her beurteilen läßt. Jene allgemein angegebenen Begründungen geben nur Auskünfte über den Zweck der Maßnahme, der selbst jedoch jenseits der Maßnahme liegt[2]. So geschieht die Zwangsbehandlung auf Grund der Ländergesetze zu Zwecken des Gesellschaftsschutzes und die Zwangsbehandlung bei den beiden anderen Unterbringungsmöglichkeiten zwar nicht zu Zwecken anderer Personen, sondern zum Wohle des Trinkers selbst, aber eben auch unter dem Blickwinkel der Zweckmäßigkeit. Ob derartige Handhabung von Personen unter dem Gesichtspunkt der Zweckmäßigkeit rechtlich erlaubt ist, ist höchst zweifelhaft. Es erhebt sich insbesondere die Frage, ob solche Maßnahmen unter Zweckgesichtspunkten mit dem Eigenwert und der Würde der Person als vereinbar gedacht werden können.

2. Die Bedeutung des Art. 1 Abs. 1 GG für die Zwangsmaßnahmen

Eine solche Prüfung hat von dem Menschenbild auszugehen, das dem GG zu Grunde liegt und das in Art. 1 Abs. 1 GG normiert ist. Dort heißt es: Die Würde des Menschen ist unantastbar. Sie zu achten und zu schützen ist Verpflichtung aller staatlichen Gewalt. Der Verfassungsgeber hat damit zum Ausdruck gebracht, daß Ausgangspunkt allen staatlichen Denkens die Person ist, die zur sittlichen Freiheit berufen ist und die durch überpersönliche Werte konstituiert wird. Die Würde des Menschen ist so als der Eigenwert und die Eigenständigkeit des Menschen schlechthin zu begreifen, dessen Wesen in der Freiheit der Entscheidung und in seinem Geöffnetsein für sittliche und geistige Werte besteht[3]. Das Menschenbild des GG ist daher ein personalistisches[4]. Aufgabe des Staates ist es, die Berufung der Menschen zur Persönlichkeit zu fördern, nicht jedoch für deren Glück und Wohlfahrt zu sorgen[5]. Da Art. 1 Abs. 1 GG die Achtung der Würde sowie deren Schutz allen staatlichen Gewalten zur Pflicht gemacht hat, ist jedwede Beeinträchtigung der Würde des Menschen verboten. Ein positives, schützendes Handeln für die Würde ist vielmehr erforderlich. Der Ver-

---

[2] Vgl. Mayer I S. 36.

[3] Vgl. v. Mangoldt Anm. 2 zu Art. 1; Nipperdey S. 1 f.

[4] Vgl. Mayer II S. 41.

[5] Vgl. Mayer II S. 42; Nipperdey S. 4 f.

fassungsgeber hat damit die Würde des Menschen der Disposition aller staatlichen Gewalten entzogen[6]. Das gilt auch für den Gesetzgeber. Jedes Gesetz hat im Einklang mit Art. 1 Abs. 1 GG zu stehen[7]. Allen Maßnahmen und Handlungen, die auf Grund von Gesetzen ergehen, ist dort eine Grenze gesetzt, wo die Persönlichkeit und die Würde des Menschen verletzt werden. Die Würde des Menschen ist verletzt, wenn die Eigenart der menschlichen Persönlichkeit mißachtet, wenn der innere Achtungsanspruch des Menschen nicht geachtet wird. Jeder Mensch ist als Persönlichkeit gemäß seiner Eigenart zu behandeln und darf nicht zu einer vertretbaren Größe herabgesetzt werden, auch dann nicht, wenn wichtige Belange wie etwa die der Gewährleistung der öffentlichen Ordnung auf dem Spiele stehen[8]. Auch Fürsorgebedürftigkeit führt für sich allein nicht zum Verlust dieser Rechte[9].

Diesem Wert- und Achtungsanspruch genügen die Maßnahmen auf Grund der gesetzlichen Unterbringungsmöglichkeiten insofern nicht, als sie die Trinker unter Zweckgesichtspunkten behandeln und sie zum bloßen Mittel, zum Objekt machen. Damit werden die Trinker „entpersönlicht"[10]. Die Würde des Menschen verlangt aber, daß Menschen nicht unter Zweckgesichtspunkten behandelt werden. Alle Unterbringungen, soweit sie allein unter Zweckgesichtspunkten erfolgen, stehen im Gegensatz zu Art. 1 Abs. 1 GG. Sie sind insoweit als unzulässig zu betrachten.

3. Die soziale Hilflosigkeit als Rechtsgrund für Zwangsmaßnahmen

Scheiden so Zweckgesichtspunkte als Rechtsgrund für Zwangsunterbringungen bei Trinkern aus, ist weiter zu fragen, welche anderen Rechtsgründe für derartige Unterbringungen dann in Frage kommen. Es muß sich bei diesen um Gründe handeln, die die Eingriffe selbst rechtfertigen. Schutz der öffentlichen Ordnung und wohlmeinende Absicht der Fürsorge genügen allein nicht, da sich der Satz Kants, niemand darf unter Zweckgesichtspunkten gehandhabt werden, auch gegen Fürsorgemaßnahmen richtet, sofern sie in Personenrechte ein-

---

[6] Vgl. Stree S. 37.

[7] Vgl. Nipperdey S. 28.

[8] Vgl. Stree S. 37; Sax S. 937.

[9] Vgl. Mayer II S. 42; Nipperdey S. 4 f.

[10] Vgl. Düring in ArchöffR 81, 127; Mayer I S. 36; ders. II S. 42; Stree S. 37; Wintrich: Zur Problematik der Grundrechte 1957, S. 7, 17; ferner Kant: Metaphysische Anfangsgründe der Rechtslehre, 2. Aufl., 1798, S. 226: Der Mensch kann nie bloß als Mittel zu den Absichten eines anderen gehandhabt oder unter die Gegenstände des Sachenrechts gemengt werden, wowider ihn seine angeborene Persönlichkeit schützt.

[11] Vgl. Mayer II S. 42, 127.

greifen[11]. Als ein solcher rechtfertigender Rechtsgrund kommt nur die besondere Verfassung einer Person in Frage; wenn nämlich diese derart ist, daß die betroffene Person unfähig ist, ihr Leben in freier sittlicher Selbstverantwortung zu führen und zu gestalten. Es handelt sich hier um diejenigen Personen, die als sozial Hilflose nicht in der Lage sind, ohne Hilfe und Anleitung ein geordnetes Leben zu führen[12]. Zu ihnen gehört ein Teil der Trinker. Sie sind tatsächlich unfrei und können von der Rechtsordnung nicht als freie Personen gewertet werden[13]. In diesem Falle ist ein Eingriff in den Personenstatus auf Grund des Habitus dieser Personen grundsätzlich als zulässig anzusehen, damit sie als sozial Hilflose im Rahmen der ihnen zu gewährenden Hilfe ihre Persönlichkeit zu eigenverantwortlicher Mitwirkung in der menschlichen Gemeinschaft entfalten lernen[14]. Eine unter dieser Voraussetzung gewährte Hilfe und Unterstützung ist Heilungsmaßnahme und Fürsorgeakt. Diese Personen darf man unter fürsorgerische Aufsicht stellen, damit sie nach dem Maß ihrer Fähigkeiten ihr Leben unter Aufsicht vernünftig gestalten lernen[15]. Das entspricht den Belangen der gefährdeten Trinker mehr, als wenn man ihr Schicksal als unabwendbar hinnehmen würde. Da die Unterbringung den Trinker nicht der Gemeinschaft entziehen will, sondern ihn ihr vielmehr erhalten soll[16], deckt sich eine unter diesen engen Voraussetzungen zulässige Unterbringung auch mit dem GG, das zwar ein personalistisches Menschenbild aufweist, dem aber kein isoliertes Einzelwesen zu Grunde liegt[17]. Vielmehr ist jede Person als gemeinschaftsbezogen und gemeinschaftsverbunden zu betrachten. Der Würde und Persönlichkeit ist daher stets die Sozialbindung immanent[18]. Wird daher jemand einer sozialgebundenen Freiheit wieder zugeführt, bleibt er trotz vorübergehender Beschränkungen ein selbständiges Glied der Gemeinschaft. Behandlungsmaßnahmen zwangsmäßiger Art wie im Falle der Trinkerbehandlung nehmen dem Trinker nicht seinen Eigenwert, vielmehr gewähren sie ihm als sozialgebundenem Individuum Hilfe.

---

[12] Vgl. Mayer II S. 43, 56.

[13] Vgl. Mayer I S. 391.

[14] Vgl. BT-Drucksache S. 50; Mayer II S. 55; Petersen, Käthe I S. 262; Schnapp S. 10.

[15] Vgl. Mayer II S. 43.

[16] Vgl. Petersen, Käthe I S. 262.

[17] Vgl. BVerfGE 4, 15.

[18] Vgl. Stree S. 50.

II. Folgerungen für die einzelnen Rechtsgrundlagen für die zwangsweisen Anstaltsbehandlungen

1. Allgemeine Folgerungen

Wendet man diese allgemeinen Grundsätze auf die verschiedenen Unterbringungsmöglichkeiten an, geschieht die Unterbringung auf Grund der Ländergesetze ohne Rechtsgrund. Das Verlangen nach einem störungsfreien Ablauf des Lebens ist für sich noch kein genügender Rechtsgrund zur Beschränkung wesentlicher Rechte anderer, weil die Behandlung aus Zweckgesichtspunkten heraus unstatthaft ist. Einer Unterbringung auf Grund der Ländergesetze stehen daher wegen der Unvereinbarkeit mit Art. 1 GG große verfassungsrechtliche Bedenken entgegen. Sie dürften als unzulässig anzusehen sein. Dagegen liegt § 73 Abs. 2 BSHG insofern ein billigender Rechtsgrund zu Grunde, als die Verfassung der unterzubringenden Person Rechtsgrund der Unterbringung ist. Auch der Unterbringung durch den Vormund stehen keine rechtlichen Bedenken entgegen, soweit sie fürsorgerischen Motiven entspringt.

Wenn es demnach in ganz bestimmten Fällen grundsätzlich gerechtfertigt ist, stationäre Zwangsbehandlungen in engen Grenzen durchzuführen, so müssen die Voraussetzungen der Fälle, bei denen ein ausreichender Grund für eine Statusveränderung gegeben ist, mit rechtsstaatlichen Erfordernissen genügender Sicherheit umschrieben werden. Das ist schon nach den Grundsätzen der Tatbestandsgarantie aus allgemeinen rechtsstaatlichen Erwägungen heraus erforderlich. Diese besagt, daß nur gesetzlich genau bestimmte Tatbestände den einzelnen Staatsbürger vor willkürlicher Anwendung des Gesetzes schützen[19]. Man hat hierbei zu berücksichtigen, daß lediglich der Habitus des Betroffenen einen Rechtsgrund für die Zwangsmaßnahme abgibt und daß die Maßnahme in ihrem Ausmaß immer nur insoweit gedeckt sein kann, als sie zur Behebung des Zustandes der Person unbedingt nötig ist und insoweit sie im Einklang mit Art. 1 GG steht. Es ist ferner erforderlich, daß die fürsorgerischen Maßnahmen erst dann erfolgen, wenn in einem Statusprozeß die Voraussetzungen als gegeben angesehen worden sind. In einem solchen Prozeß, in dem der Betroffene ausreichend zu hören ist, sind die persönlichen Lebensumstände, die Persönlichkeit sowie die bisherige Lebensführung sorgfältig zu ermitteln[20].

---

[19] Vgl. Mayer I S. 86; ders. II S. 107; Sax S. 992 ff.

[20] Vgl. Mayer II S. 54, 127, 170.

Diese Forderungen sind Forderungen an den Gesetzgeber. Betrachtet man den Tatbestand des § 73 Abs. 2 BSHG, so bleibt fraglich, ob es dem Gesetzgeber gelungen ist, die notwendigerweise engen Voraussetzungen der fürsorgerisch begründeten Zwangsunterbringungen so zu formulieren, daß nur derjenige Personenkreis erfaßt wird, der erfaßt werden soll. Es ist auf jeden Fall unerwünscht, daß unter Umständen Personen unter dem Mantel der Fürsorge, in Wirklichkeit jedoch unter dem Gesichtspunkt der Bekämpfung ihrer angeblichen Sozialgefährlichkeit, untergebracht werden können. Inwieweit im einzelnen hinsichtlich der augenblicklichen Fassung des § 73 Abs. 2 BSHG rechtliche Bedenken bestehen, ist nun noch kurz zu untersuchen, wenn wir uns den Folgerungen zuwenden wollen, die aus den oben skizzierten allgemeinen Grundsätzen für die bestehenden Rechtsgrundlagen für Zwangsbehandlungen zu ziehen sind.

2. *Besondere Folgerungen*

a) Zur gesetzlichen Bestimmheit des § 73 Abs. 2 BSHG

Wenn wir prüfen wollen, inwieweit die allgemeinen Grundsätze bei den Unterbringungsgesetzen berücksichtigt worden sind, so wollen wir zunächst untersuchen, inwiefern dem Grundsatz der Tatbestandsgarantie bei der Fassung des Tatbestandes des § 73 Abs. 2 BSHG Genüge getan ist.

Eine Unterbringung von Trinkern ist bereits dann möglich, wenn der Trinker zu verwahrlosen „droht" und wenn diese unmittelbare Gefahr des Eintritts der Verwahrlosung durch die „besondere Willensschwäche" des Trinkers verursacht worden ist. „Vernachlässigung" und „besondere Willensschwäche" sind daher die entscheidenden Tatbestandsmerkmale, wenn man davon absieht, daß noch hinzukommen muß, daß andere Behandlungsmethoden nicht in Frage kommen. Diese beiden Tatbestandsmerkmale haben zwar für sich, daß nicht eine Einzeltat, sondern ein Gesamtverhalten gefordert wird, aus dem hervorgeht, daß der betroffene Trinker mit großen sozialen Schwierigkeiten zu kämpfen hat. Die Tatsache aber, daß die beiden Begriffe der „Verwahrlosung" und „besonderen Willensschwäche" im Gesetz nicht näher umschrieben werden, birgt die Gefahr der Unbestimmtheit in sich. Das läßt sich bereits an den bisherigen Versuchen ablesen, die sich mit der Auslegung dieser beiden unbestimmten Rechtsbegriffe beschäftigt haben. Wenn z. B. Gottschick[21] die Verwahrlosung als besonders starke Abweichung von einem geordneten Leben in der Gemeinschaft begreifen will, dann kommt man wenig weiter, da man beim

---

[21] Vgl. Gottschick I Anm. 5 b zu § 73.

Begriff einer geordneten Lebensführung von einer als allgemein gültig verstandenen Lebensweise ausgeht, der alle Personen entsprechen sollen. Jedermann weiß jedoch, daß insoweit die Menschen nicht gleiche Lebensweisen haben und daß die Anschauungen über eine „normale Lebensweise“ mit den Wandlungen der wirtschaftlichen, sozialen und gesellschaftlichen Verhältnisse wechseln. Der Versuch, eine allgemeine Bestimmung dessen zu finden, was als geordnete Lebensführung anzusehen ist, wird immer daran scheitern, daß die menschliche Gesellschaft innerhalb eines Staates komplex ist und alle möglichen Substrukturen mit ihren eigenen Vorstellungen von einem geordneten Leben aufweist[22]. Die Abweichung in besonderem Maße von einem geordneten Leben in der Gemeinschaft reicht daher zur Kennzeichnung der Verwahrlosung nicht aus.

Auch der Begriff der „besonderen Willensschwäche“ erweckt, da nicht definiert ist, was darunter zu verstehen ist, Bedenken. Wenn man wie Petersen[23] unter besonderer Willensschwäche den Zustand verstehen will, der bei denjenigen Personen auftreten soll, denen es in besonders starkem Maße an innerer Festigkeit fehlt, so hilft das wenig weiter, da dann die Ermittlung des Begriffs der „besonderen Willensschwäche“ von dem der „inneren Festigkeit“ abhängt, dessen Klärung selbst große Schwierigkeiten macht. Um eine weitreichende, nicht gewollte Auslegung zu verhindern, erscheint es vom Gesichtspunkt der gesetzlichen Bestimmtheit des Tatbestandes aus unbedingt erforderlich, daß in das Gesetz Definitionen der beiden Tatbestandsmerkmale in einem weiteren Abschnitt des § 73 BSHG aufgenommen werden. Die bisherige Fassung des § 73 BSHG enthält nur ein Minimum an tatbestandlichen Voraussetzungen, die die statusrechtlichen Voraussetzungen einer Unterbringung in rechtsstaatlichem Sinne in keiner Weise hinreichend festlegen[24]. Der Zustand,daß das BSHG keine festen Begriffsmerkmale gibt[25], ist aus rechtsstaatlichen Erwägungen heraus unhaltbar. Die Bestimmung des § 73 Abs. 2 BSHG kann unter diesen Gesichtspunkten sogar als nichtig anzusehen sein.

Wenn insoweit erhebliche Mängel bezüglich der Fassung des § 73 Abs. 2 BSHG bestehen, so mag eine der Ursachen sein, daß die Frage der begrifflichen Abgrenzung seit jeher nicht recht zu klären war und stets ein Zustandekommen eines Gesetzes verhindert hat. Es können daher im Rahmen dieser Arbeit Vorschläge zur Verbesserung des Tatbestandes nicht erbracht werden, wenn lange Beratungen und Be-

---

[22] Vgl. Schnapp S. 9.

[23] Vgl. Petersen, Käthe I S. 263.

[24] Vgl. Mayer II S. 128.

[25] So Gottschick I Anm. 3 zu § 72.

mühungen des Gesetzgebers bisher brauchbare Vorschläge nicht haben erbringen können. Dennoch sollen hier einige wenige Anregungen gegeben werden, welche Gesichtspunkte bei einer dringend notwendigen Verbesserung des Tatbestandes des § 73 Abs. 2 BSHG eine Rolle spielen müßten. So wird man bei der näheren Bestimmung dessen, was unter „Verwahrlosung" zu verstehen ist, richtigerweise auf den Habitus der betroffenen Person sowie auf ihre Fähigkeit zur Führung eines menschenwürdigen Lebens abzustellen haben. Verwahrlosung wäre dann eine körperliche, seelische oder soziale Hilflosigkeit, die Lebensfragen und die Lebensgestaltung zu lösen. Man wird hierbei beachten müssen, daß die Verwahrlosung zunächst auf einem Gebiet allein auftritt, um bald auf andere Bereiche überzugreifen, so daß für die Gesamtpersönlichkeit ein Absinken die Folge ist[26]. Man wird ferner zu bedenken haben, daß dieser Verwahrlosungsbegriff nicht mit irgendwelchen ethischen oder moralischen Werturteilen zu verbinden ist. Nur diejenige Person dürfte erfaßt werden, bei der der Schaden an die Substanz der Persönlichkeit reicht[27]. Von diesem Blickwinkel her könnte daher ein die „Verwahrlosung" erläuternder Absatz in § 73 BSHG etwa wie folgt formuliert werden: Verwahrlost ist diejenige Person, deren Gesamtpersönlichkeit infolge körperlicher, seelischer oder sozialer Hilflosigkeit, die eigenen Angelegenheiten zu besorgen, in großem Maße geschädigt wird. Bezüglich des noch schwierigerem Unterfangens, den Begriff der „besonderen Willensschwäche" zu definieren, wäre daran zu denken, mit Gottschick[28] eine besondere Willensschwäche in der mangelnden Fähigkeit einer Person zu sehen, ihr Handeln ihrem Willensentschluß gemäß zu gestalten. Es wäre aber wohl noch zweckmäßiger, die für die Willensschwäche im einzelnen in Frage kommenden Ursachen selbst zu nennen, etwa in folgendem Sinn: Besonders willensschwach sind vor allem die Gefährdeten, die auf Grund geistiger und psychischer Hilflosigkeit oder infolge Trunksucht nicht in der Lage sind, ihre Angelegenheiten entsprechend ihren Willensentschlüssen zu besorgen. Durch die Worte „vor allem" wäre zum Ausdruck gebracht, daß es sich um keine abschließende Regelung handeln würde.

b) Zur Regelung des ärztlichen Behandlungszwanges

Außer der Frage, inwiefern die Grundsätze der Tatbestandsgarantie bei § 73 Abs. 2 BSHG beachtet worden sind, interessiert weiter, inwieweit eine Regelung des Zwanges zur medizinischen Behandlung des

---

[26] Ähnlich Eiserhardt S. 64.
[27] Vgl. Schnapp S. 10.
[28] Gottschick I Anm. 5 a zu § 73.

Trinkers getroffen worden ist und ob diese Regelung mit dem Grundgesetz im Einklang steht. Diese Prüfung ist erforderlich, da das Ziel der Unterbringung nicht Bewahrung, sondern eine Zwangsbehandlung ist. Untersuchen wir daher, ob die drei Unterbringungsmöglichkeiten Regelungen für Zwangsbehandlungen treffen und ob diese einer rechtlichen Prüfung hinsichtlich ihrer Verfassungsmäßigkeit standhalten.

Eine solche Prüfung hat vom Grundgesetz auszugehen. In Art. 2 Abs. 2 Satz 1 GG heißt es: Jeder hat das Recht auf körperliche Unversehrtheit. Aus diesem Grundrecht folgt, daß alle körperlichen Eingriffe gegen den Willen des Betroffenen grundsätzlich unzulässig sind. Da der Begriff der körperlichen Unversehrtheit weiter als der der Gesundheit ist[29] — Versehrung erfaßt jede physische Einflußnahme auf die körperliche Integrität[30] —, stellen sich auch diejenigen Handlungen, die mit keinem oder nur mit wenigem Schmerz verbunden sind[31], als Eingriff in die körperliche Unversehrtheit dar. Jede Heilbehandlung, auch eine nur medikamentöse, ist danach, wenn sie gegen den Willen des Betroffenen erfolgt, grundsätzlich unzulässig[32]. Da es ein Recht des Arztes, Patienten gegen deren Willen zu heilen, ebensowenig wie einen allgemeinen Behandlungszwang[33] gibt, ist jede ärztliche Behandlung rechtlich nur dann erlaubt, wenn der Patient selbst oder — im Falle Minderjähriger oder Entmündigter — der gesetzliche Vertreter die Einwilligung erteilt oder aber ein Gesetz eine Zwangsbehandlung zuläßt; denn nach Art. 2 Abs. 2 Satz 3 GG kann das Recht auf körperliche Unversehrtheit durch Gesetz eingeschränkt werden. Diese Grundsätze gelten auch im Bereich der öffentlichen Fürsorge, wo Eingriffe in die körperliche Unversehrtheit allein im Interesse des Betroffenen erfolgen[34].

Bei Berücksichtigung dieser Grundsätze bestehen hinsichtlich des Behandlungszwanges bei den Trinkern, die vom Vormund eingewiesen sind, keine Zweifel in der rechtlichen Beurteilung. Rechtsgrundlage der Heilbehandlung bei entmündigten Trinkern ist die Einwilligung des Vormunds, die dieser auf Grund seiner Vertretungsmacht rechtswirksam erteilen kann[35]. Die Einwilligung des Vormundes zur Heilbehandlung ist bei der Antragstellung auf Unterbringung beizubringen. Man wird jedoch die Einwilligung des Vormunds bereits dann

[29] Barella in NJW 1959, 2291.

[30] Barella in NJW 1959, 2291.

[31] Vgl. Kern S. 60; Hamann Anm. C, 9 zu Art. 2.

[32] Vgl. Hamann Anm. C, 9 zu Art. 2; Kern S. 61.

[33] Vgl. BGH in NJW 1959, 811; Nehlert in JR 1959, 42; Saage I Anm. 15 zu § 3.

[34] Vgl. Hamann Anm. C, 9 zu Art. 2.

[35] Vgl. Franke in NJW 1962, 1757.

als erteilt ansehen können, wenn der Vormund um die Genehmigung beim Vormundschaftsgericht wegen der Zwangsunterbringung nachsucht. Hinsichtlich der Zulässigkeit einer Heilbehandlung in einer Heilstätte bestehen daher bei entmündigten Trinkern keine rechtlichen Bedenken.

Anders ist dagegen die Rechtslage bei Unterbringungen, die auf Grund der Ländergesetze — wir beschränken uns hier wiederum auf das SchlHUntG — und die nach § 73 Abs. 2 und 3 BSHG durchgeführt werden.

§1 SchlHUntG spricht lediglich von einer Unterbringung in Krankenanstalten oder andere geeignete Anstalten. Eine Bestimmung, daß der Betroffene, wenn er untergebracht worden ist, auch gegen seinen Willen behandelt werden darf, trifft das SchlHUntG jedoch nicht. Da Art. 2 Abs. 2 Satz 3 GG einen Eingriff in die körperliche Unversehrtheit nur zuläßt, wenn ein solcher Eingriff ausdrücklich durch ein Gesetz erlaubt wird, ist zweifelhaft, ob die nach dem SchlHUntG untergebrachten Trinker überhaupt zwangsbehandelt werden dürfen. Barella[36] ist diesen Zweifeln, die mangels entsprechender Bestimmungen auch in anderen Bundesländern aufgetreten sind, mit dem Hinweis entgegengetreten, das Recht zur zwangsweisen ärztlichen Behandlung ergebe sich aus der Ermächtigung zur Unterbringung, da diese gleichzeitig das Recht zur zwangsweisen Behandlung beinhalte[37]. Eine besondere Rechtsgrundlage für die Behandlung sei insbesondere deshalb nicht erforderlich, da der Staat ja ohnehin die Pflicht habe, die Freiheitsentziehung auf ein Mindestmaß zu beschränken. Zur Erreichung dieses Ziels sei bei Süchtigen auch eine Heilbehandlung erforderlich. Maunz-Düring[38] und Franke[39] vertreten ebenfalls die Auffassung, daß das Recht zur ärztlichen Behandlung sich aus der Zulässigkeit der Freiheitsentziehung herleite, begründen ihre Meinung jedoch im Gegensatz zu Barella anders. Ihrer Auffassung nach ergäbe sich der Behandlungszwang nicht schon aus der Ermächtigung zur Freiheitsentziehung an sich, sondern aus dem klar ausgesprochenen Zweck der Unterbringungsgesetze. Alle Unterbringungsgesetze regelten ausdrücklich die Unterbringung in Heil-, Pflege- oder Krankenanstalten. Es würde der ratio legis dieser Gesetze widersprechen, wollte man die Zwangsbehandlung in diesen Fällen nicht bereits mit der Ermächtigung zur Unterbringung als erlaubt ansehen. Die Entziehung des Rechts der physischen Bewegungsfreiheit schlösse im Rahmen dieser Unterbrin-

---

[36] Vgl. Barella in NJW 1959, 2291.
[37] So auch Kern S. 95; BayVerfG in VerwRechtspr 10, 391.
[38] Vgl. Maunz-Düring Anm. 51 zu Art. 2 Abs. 2.
[39] Vgl. Franke in NJW 1960, 1371.

gungsgesetze daher immer die Entziehung des Rechts auf körperliche Unversehrtheit mit ein.

Diesen Auffassungen kann jedoch nicht zugestimmt werden, da sie die verfassungsrechtliche Problematik in nicht genügender Weise beachten. Wie die zwangsweise Unterbringung nur auf Grund eines Gesetzes zulässig ist, das die Freiheitsentziehung ausdrücklich zuläßt, so ist auch eine Zwangsbehandlung nur auf Grund eines Gesetzes zulässig, das das Recht auf körperliche Unversehrtheit ausdrücklich einschränkt. Ein solches Gesetz, das die Zwangsbehandlung zuläßt, muß aber den Erfordernissen entsprechen, die das GG an ein solches Gesetz stellt. Für diese Fälle bestimmt Art. 19 Abs. 1 Satz 2 GG, daß das Gesetz, das das Grundrecht einschränkt, das eingeschränkte Grundrecht unter Angabe des Artikels zu nennen hat. Aus dieser zwingenden Regelung des Grundgesetzes folgt, daß Eingriffe in Grundrechte dann unzulässig sind, wenn überhaupt eine den Erfordernissen des Grundgesetzes entsprechende gesetzliche Regelung fehlt. Das gilt auch für die Frage der Zulässigkeit des Behandlungszwanges bei zwangsuntergebrachten Trinkern, die auf Grund der Ländergesetze in Trinkerheilanstalten zum Zwecke einer Entziehungskur untergebracht werden. In Anbetracht dieser Rechtslage haben daher einige Ländergesetze[40] ausdrücklich Bestimmungen über den Behandlungszwang aufgenommen. Wenn das SchlHUntG eine Regelung über den ärztlichen Behandlungszwang überhaupt nicht kennt und demzufolge auch eine Bestimmung des Inhalts fehlt, daß mit der Zulässigkeit einer ärztlichen Zwangsbehandlung das Recht auf körperliche Unversehrtheit nach Art. 2 Abs. 2 Satz 1 GG eingeschränkt wird, so bietet das SchlHUntG keine ausreichende Rechtsgrundlage für eine Zwangsbehandlung von Trinkern während einer zwangsweisen Heilstättenkur. Nach der geltenden Rechtslage stehen einer solchen Zwangsbehandlung in großem Maße verfassungsrechtliche Bedenken entgegen. Aus verfassungsrechtlichen Gründen wird man sie als unzulässig ansehen müssen[41]. Trinker, die nach § 1 SchlHUntG untergebracht worden sind, können demnach nach der augenblicklichen Rechtslage nur verwahrt werden. Das entspricht zwar nicht unseren Vorstellungen vom Sinn und Zweck einer zwangsweisen Unterbringung von Trinkern, denen statt Verwahrung Hilfe und Heilung zu gewähren ist, es ändert jedoch nichts an der rechtlichen Beurteilung des SchlHUntG. Da eine Unterbringung nur dann sinnvoll ist, wenn der Trinker während der Zwangsunterbringung auch eine Entziehungskur durchmachen muß, ist es empfehlenswert, daß wie in

---

[40] Vgl. Art. 6, 7 BayUntG; § 16 Abs. 3 Berlin UntG; §§ 17, 18 Hess. UntG.

[41] So auch Böning in SchlHA 1960, 161.

anderen Ländergesetzen eine Vorschrift über die Zulässigkeit des Behandlungszwanges in das SchlHUntG aufgenommen wird.

Auch bei Trinkern, die nach § 73 Abs. 2 und 3 BSHG untergebracht werden, bestehen hinsichtlich der Zulässigkeit einer ärztlichen Zwangsbehandlung in großem Maße verfassungsrechtliche Bedenken. § 73 Abs. 2 BSHG spricht nur davon, daß sich Gefährdete auf Grund einer richterlichen Entscheidung in einer Anstalt aufzuhalten haben. Da es sich in solchen Fällen um eine Freiheitsentziehung handelt, weist § 73 Abs. 2 Satz 2 BSHG in Anbetracht des Art. 2 Abs. 2 Satz 3 und des Art. 19 Abs. 1 Satz 2 GG ausdrücklich darauf hin, daß das Grundrecht der Freiheit der Person nach Art. 2 Abs. 2 Satz 2 GG insoweit eingeschränkt wird. Damit entspricht § 73 Abs. 2 BSHG den Erfordernissen des GG, soweit es die Freiheitsentziehung anbetrifft. Eine Bestimmung über den Behandlungszwang während der zwangsweisen Unterbringung fehlt jedoch. Daß sich die Zulässigkeit des Behandlungszwanges nicht bereits aus der Zulässigkeit der Freiheitsentziehung ergeben kann, darauf haben wir oben bereits hingewiesen. Das gilt hier in gleichem Maße. Diese Auffassung kann deshalb bei Unterbringungen nach § 73 Abs. 2 und 3 BSHG schon deshalb nicht rechtens sein, weil nach § 73 BSHG einerseits Trinker untergebracht werden können, deren Zustand eine Heilung erfordert, andererseits aber auch solche Trinker untergebracht werden können, die nicht mehr geheilt werden können, sondern nur noch gepflegt und beaufsichtigt werden müssen. Für Trinker letzterer Art kommt nur eine fürsorgerische Pflegebehandlung, nicht jedoch eine Heilbehandlung in Betracht. Hinsichtlich dieser nur der Pflege bedürftigen Trinker ergibt sich das Recht zur Anstaltfürsorge aus der Pflicht der Anstalt, für das körperliche und gesundheitliche Wohl Sorge zu tragen. Bei den anderen Trinkern aber, die allein zum Zwecke einer Entziehungskur eingewiesen worden sind, geht die Heilbehandlung über eine Pflegefürsorge hinaus und bedarf, da sie sich im allgemeinen als Eingriff in die körperliche Unversehrtheit darstellt, einer gesetzlichen Grundlage. Da § 73 BSHG eine solche gesetzliche Grundlage leider nicht abgibt, da Bestimmungen über den Behandlungszwang fehlen, dürfte eine solche Behandlung während einer Zwangsunterbringung nach § 73 Abs. 2 und 3 BSHG aus verfassungsrechtlichen Gründen unzulässig sein. Im Interesse einer erfolgreichen Trunksuchtsbekämpfung, deren gesetzliche Grundlagen verfassungsgemäß zu sein haben, wäre daher hinsichtlich der Zulässigkeit einer ärztlichen Zwangsbehandlung folgende zusätzliche Regelung in § 73 BSHG sowie in den geltenden Ländergesetzen, in denen Bestimmungen über den Behandlungszwang fehlen, etwa in folgendem Sinne geboten: Die unter den Voraussetzungen des § 73 Abs. 2 Satz 1 BSHG zwangsweise untergebrachten Gefährdeten können während der Unterbringungszeit gegen ihren Willen behandelt werden; das Grundrecht auf körperliche Unversehrtheit nach Art. 2 Abs. 2 Satz 1 GG wird insoweit eingeschränkt. Eine solche Regelung wäre verfassungskonform[42].

c) Zur weiteren Notwendigkeit der bestehenden gesetzlichen Zwangsunterbringungsmöglichkeiten

Nachdem wir in unseren grundsätzlichen Gedanken über Zulässigkeit und Grenzen der Zwangsunterbringungsmöglichkeiten zum Zwecke einer Zwangsbehandlung zu dem Ergebnis gekommen waren, daß all diejenigen Maßnahmen, bei denen Trinker unter Zweckgesichtspunkten behandelt werden, ohne einen billigenswerten Rechtsgrund durchgeführt werden, drängt sich bei der Erörterung, welche Konsequenzen zu ziehen sind, die Frage auf, ob für diese Regelungen überhaupt noch eine Existenzberechtigung besteht.

Unter Berücksichtigung dessen, was wir oben zur Frage der Zweckmäßigkeit als Rechtsgrund gesagt haben, wird man sagen müssen, daß für einen Behandlungszwang, der einzig und allein wie im Falle der Ländergesetze, zu Zwecken anderer durchgeführt wird, aus verfassungsrechtlichen Gründen eine Existenzberechtigung nicht besteht. Aber auch aus dogmatischen Gründen wird man die Berechtigung derartiger Maßnahmen verneinen müssen; denn nach richtiger Rechtsauffassung ist die Betreuung der Trinker allein ein Fürsorgeakt, der nicht in das Gebiet des Polizeirechts, sondern ins Fürsorgerecht gehört. Nur dort sind derartige Maßnahmen unter engen Grenzen für zulässig zu erachten.

Diese Konsequenzen sind in gleichem Maße mit gleicher Berechtigung auch im Hinblick auf diejenigen Trinkerunterbringungen zu ziehen, die im Strafverfahren nach § 42 c StGB durchgeführt werden und auf die hier nur insoweit eingegangen werden soll, als die zu ziehenden Folgerungen auch die Unterbringung von Trinkern auf Grund von § 42 c StGB beeinflussen. Die Unterbringungen auf Grund von § 42 c StGB geschehen ebenfalls unter dem Gesichtspunkt des Gesellschaftsschutzes. Da bei ihnen die betreffenden Personen unstatthafterweise zu Zwecken anderer gehandhabt werden, verstoßen sie gegen Art. 1 GG und sind

---

[42] Vgl. z. B. die verfassungskonforme Regelung für die Geschlechtskrankenfürsorge in § 2 des Gesetzes zur Bekämpfung der Geschlechtskrankheiten: Die Bekämpfung der Geschlechtskrankheiten umfaßt Maßnahmen zur Verhütung, Feststellung, Erkennung und Heilung der Erkrankung sowie die vorbeugende und nachgehende Gesundheitsfürsorge. Zu diesem Zweck werden die Grundrechte auf körperliche Unversehrtheit (Art. 2 Abs. 2 Satz 1 des Grundgesetzes) und auf Freiheit der Person (Art. 2 Abs. 2 Satz 2 des Grundgesetzes) eingeschränkt.

unzulässig[43]. Diese Art Maßnahmen gehören ihres Charakters wegen allein ins Fürsorgerecht und sollten nur dort zulässig sein, weil sich der verfolgte kriminalpolitische Zweck nur im Wege eines personenfürsorgenden Personenrechts erreichen läßt[44], wie er der Regelung des § 73 BSHG zu Grunde liegt. Die Behandlung im Wege des Kriminalrechts kann derartige fürsorgerische Maßnahmen ohnehin nicht ersetzen[45], eine solche Behandlung ist sogar schädlich, da die Maßregel nach § 42 c StGB als Strafübel empfunden wird[46].

Für eine Abschaffung des § 42 c StGB spräche ferner die Tatsache, daß die Voraussetzungen des § 73 Abs. 2 BSHG so weit gefaßt sind, daß darunter auch die Fälle des § 42 c StGB fallen. Da somit die notwendigen Maßnahmen auf Grund des BSHG durchgeführt werden können und § 42 c StGB überflüssig erscheint, mehren sich die Stimmen[47], die für eine gesetzgeberische Anpassung der kriminalpolitischen Maßnahmen an das BSHG eintreten und unter anderem die Abschaffung des § 42 c StGB fordern.

Eine solche Regelung würde ohnehin in der praktischen Durchführung der Unterbringung von Trinkern, die nach § 42 c StGB verurteilt sind, keine Veränderungen hervorrufen, da schon jetzt die praktische Behandlungsdurchführung und die Kostentragung nicht, wie man erwarten könnte, Sache der Justizbehörden, sondern Sache der Fürsorgebehörden ist. Nach Nr. 9 der Fürsorgerechtsvereinbarung vom 18. September 1947 in der Fassung vom 3. Mai 1949 haben die Fürsorgebehörden bei Hilfsbedürftigkeit die Kosten einer Unterbringung nach § 42 c StGB zu tragen.

Die Erfahrungen der praktischen Behandlungsdurchführung zeigen ferner, daß die nach § 42 c StGB verurteilten Trinker in der gleichen Anstalt mit denjenigen Trinkern untergebracht werden, die auf Grund außerstrafrechtlicher Unterbringungsmöglichkeiten zwangsuntergebracht worden sind[48]. Als Beispiel für die gemischte Zusammensetzung einer geschlossenen Trinkerheilanstalt sei hier nur die Situation der Trinkerheilstätten Brauweiler im Jahre 1958 wiedergegeben[49].

Von den Insassen waren untergebracht:

72 % auf Grund einer Einweisung durch den Vormund,
18 % auf Grund einer Verurteilung nach § 42 c StGB,
10 % auf Grund landesgesetzlicher Bestimmungen.

---

43 Vgl. Mayer II S. 32.
44 Vgl. Mayer II S. 54.
45 Vgl. Sieverts S. 12.
46 Vgl. Peters, Karl S. 292.
47 Vgl. z. B. Hellmer in NJW 1962, 2043; Mayer II S. 43.
48 Vgl. Beyer S. 20.
49 Vgl. SuchtG 1958, 1, 2 f.

All das zeigt unmißverständlich, daß für die Einweisung nach § 42 c StGB der Strafrichter rein zufällig aus Anlaß einer Straftat zuständig wird. Insgesamt betrachtet lassen sich eine Reihe von beachtlichen Gründen dafür anführen, daß für Zwangsunterbringungen die alleinige Zuständigkeit der Trinkerfürsorge begründet ist. Eine weitere Existenzberechtigung können so gesehen nur die Unterbringungsmöglichkeiten durch den Vormund sowie diejenige nach § 73 Abs. 2 BSHG beanspruchen.

Zusammenfassung und Schluß

A.

Zusammenfassend seien nunmehr die wesentlichen Ergebnisse der rechtlichen Untersuchung festgestellt.

Ebenso wie andere Hilfsbedürftige können auch Trinker fürsorgerische Hilfe erhalten, die die staatliche wie die private Trinkerfürsorge gewähren.

Träger der staatlichen Trinkerfürsorge sind, da die staatliche Trinkerfürsorge lediglich ein Arbeitszweig der allgemeinen Fürsorge ist, die örtlichen und die überörtlichen Träger der Sozialhilfe. Auf sie finden insoweit die allgemeinen Bestimmungen des BSHG Anwendung. Träger der privaten Trinkerfürsorge sind die Kirchen und die Verbände der freien Wohlfahrtspflege sowie die von diesen gebildeten Arbeitsgemeinschaften. Sie haben in der Regel die Rechtsform eines eingetragenen bürgerlich-rechtlichen Vereins.

Den Trinkern stehen bezüglich der zu gewährenden Hilfe durch die staatliche Trinkerfürsorge bestimmte Rechte zu, die hinsichtlich ihrer Durchsetzbarkeit abgestuft sind. So gibt es einerseits Sozialhilfeleistungen, auf die nach § 4 BSHG ein Rechtsanspruch besteht, und andererseits Sozialhilfeleistungen, die nach dem BSHG nur gewährt werden sollen oder gewährt werden können. Bezüglich dieser zuletzt genannten Sozialhilfeleistungen besteht nur ein formelles subjektiv-öffentliches Recht auf fehlerfreie Ermessensausübung. In beiden Fällen können die Rechte im verwaltungsgerichtlichen Wege geltend gemacht werden.

Neben dem Trinker selbst sind der Vormund eines Trinkers sowie der Staat zur Ausübung der bestehenden Rechte bzw. zur Gewährung der Hilfe verpflichtet. Für den Vormund ergibt sich diese Pflicht aus der allgemeinen, ihm nach § 1896 BGB obliegenden Pflicht der Personenfürsorge. Hinsichtlich des Staates leitet sich die Verpflichtung zur Hilfeleistung aus seiner allgemeinen Rechtspflicht her, sich derjenigen Menschen anzunehmen, die wegen ihrer besonderen Notlage der Hilfe der Allgemeinheit bedürfen.

Im einzelnen kommt für Trinker eine Vielzahl von Sozialhilfeleistungen in Betracht. So können Trinker eine Reihe von Sozialhilfeleistungen bekommen, die der Förderung der Gesundheit dienen. Weiter kann einem Trinker Hilfe zur Sicherung und Schaffung der wirtschaftlichen Existenzgrundlage gewährt werden. Trinkern ist Hilfe zum Lebensunterhalt zu gewähren, § 11 BSHG. Ferner können Trinker Hilfe für Gefährdete nach §§ 72, 73 Abs. 1 BSHG erhalten. Schließlich können Trinker auf Grund der Generalklausel des § 27 Abs. 2 BSHG in Notlagefällen, die im Katalog der Sozialhilfeleistungen der Hilfen in besonderen Lebenslagen nicht vorgesehen sind, in fast unbegrenztem Maße jede nur mögliche Hilfe erhalten.

Im Falle der Gewährung von Sozialhilfeleistungen entsteht zwischen den Trinkern und den Trägern der staatlichen Trinkerfürsorge ein Sozialhilferechtsverhältnis, das so lange besteht, wie die Gewährung der Sozialhilfeleistungen andauert. Es ist seinem Wesen nach ein Hoheitsverhältnis, tritt jedoch im Falle der freiwilligen Inanspruchnahme infolge des betreuenden Charakters der Hilfe praktisch nicht in Erscheinung. Inhalt und Aufgabe der Sozialhilfegewährung ist es, dem Trinker entsprechend § 1 Abs. 2 BSHG ein menschenwürdiges Leben zu ermöglichen. Die Gewährung der Sozialhilfe kann in dreifacher Form geschehen. Die staatlichen Träger können die Gewährung der Sozialhilfe in eigenen Einrichtungen und mit Personen der eigenen Verwaltung durchführen. In einem solchen Falle befindet sich der Trinker in einem öffentlich-rechtlichen Verhältnis. Das gilt allerdings nur für die Sicherstellung, nicht jedoch auch für die Durchführung der Sozialhilfe, für die die staatlichen Träger lediglich im Rahmen vertragsähnlicher Beziehungen nach § 278 BGB haften. Die staatlichen Träger können ferner die Durchführung der Sozialhilfe Trägern der privaten Trinkerfürsorge übertragen. Bei einer solchen Übertragung, die nach § 10 Abs. 5 BSHG zulässig ist und bei der lediglich im Innenverhältnis zwischen staatlichem Träger und privatem Träger eine Übertragung stattfindet, handelt es sich um ein öffentlich-rechtliches Mandat. Ihm liegt ein unechter Vertrag zugunsten Dritter in Form eines Dienstvertrages, der eine Geschäftsbesorgung zum Gegenstand hat, zu Grunde. Der staatliche Träger bleibt weiterhin für die Durchführung der Sozialhilfe verantwortlich. Er haftet daher dem Trinker für schuldhafte Handlungen des privaten Trägers und dessen Personen entsprechend § 278 BGB wie für eigene. Eine dritte Form der Erfüllung der Sozialhilfepflicht durch den staatlichen Träger besteht schließlich darin, daß im Rahmen der allgemeinen Mitbeteiligung der freien Trinkerfürsorgeträger an der Durchführung der Aufgaben der staatlichen Träger diese auf Wunsch eines Trinkers die Durchführung der Sozialhilfe einem Träger der privaten Trinkerfürsorge übertragen. Als Rechtsgrundlage kommen die §§ 10 Abs. 4 und 3 Abs. 2 BSHG in Betracht. In diesen Fällen wird in der Regel zwischen dem staatlichen und dem privaten Träger ein Vertrag zugunsten Dritter abgeschlossen, der ebenfalls einen Dienstvertrag zum Gegenstand hat, dem eine Geschäftsbesorgung zu Grunde liegt. Zwischen dem Trinker und dem staatlichen Träger bestehen insoweit öffentlich-rechtliche Beziehungen, als dieser die öffentlich-rechtliche Pflicht hat, die finanziellen Mittel für die Hilfegewährung sicherzustellen und dafür Sorge zu tragen, daß die Hilfe so gewährt wird, wie sie der staatliche Träger hätte erbringen müssen. Im übrigen bestehen lediglich rein privatrechtliche Beziehungen zum privaten Träger, der für die ordnungsgemäße Durchführung der Hilfe dem Trinker direkt haftet.

Auch die freiwillige Inanspruchnahme derjenigen Hilfe, die von den Trägern der privaten Trinkerfürsorge gewährt wird, ist weitgehend mit Rechtswirkungen verknüpft. Es handelt sich dabei vorwiegend um Haftungsfragen. So haften die privaten Träger im Rahmen eines Betreuungs- und Behandlungsverhältnisses dem Trinker dann, wenn die betreuten Trinker in solchen Beziehungen zum privaten Träger stehen, daß ein schuldrechtlicher Vertrag mit gegenseitigen Rechten und Pflichten entstanden ist, und wenn dieser Vertrag durch die Betreuungspersonen des privaten Trägers verletzt worden ist. Daneben können sich ebenso wie bei der Hilfegewährung durch die staatlichen Träger andere Haftungsansprüche, vorwiegend aus unerlaubter Handlung, ergeben.

In den Fällen, in denen die Trinker eine freiwillige Inanspruchnahme der Trinkerfürsorgeleistungen ablehnen, eine Hilfe jedoch dringend erforderlich ist, können die Trinker im Wege des Rechtszwanges einer fürsorgerischen Behandlung zugeführt werden. So können Trinker zur Durchführung einer erforderlichen Entziehungskur gegen ihren Willen in einer Trinkerheilanstalt untergebracht werden. Es kann so ein wegen Trunksucht nach § 6 Nr. 3 BGB entmündigter Trinker von seinem Vormund auf Grund des Aufenthaltsbestimmungsrechts nach § 1800 Abs. 2 BGB zwangsuntergebracht werden. Stören Trinker durch Verhaltensweisen, die durch die Trunksucht bedingt sind, die öffentliche Ordnung, ist ihre zwangsweise Unterbringung auf Grund der in den einzelnen Bundesländern geltenden Gesetze über die Unterbringung von psychisch Kranken und Süchtigen möglich. Schließlich ist seit dem Inkrafttreten des BSHG eine zwangsweise Unterbringung von Trinkern nach § 73 Abs. 2 und 3 BSHG dann durchführbar, wenn Trinker zu verwahrlosen drohen.

Hinsichtlich des rechtlichen Verhältnisses dieser drei Rechtsgrundlagen zueinander ist davon auszugehen, daß eine Zwangsunterbringung nach § 73 Abs. 2 BSHG den anderen Unterbringungsmöglichkeiten nicht subsidiär ist, sondern diesen vielmehr vorgeht. Ein solcher Vorrang der Unterbringungsmöglichkeit nach § 73 Abs. 2 BSHG ergibt sich aus der weiten Fassung des Tatbestandes des § 73 Abs. 2 BSHG, in dem die Voraussetzungen der anderen Unterbringungsmöglichkeiten miterfaßt sind.

Außer in der stationären Trinkerfürsorge wird im Bereich der ambulanten Rechtszwang geübt. Er geschieht in der Weise, daß Trinker unter Drohung mit erheblichen Nachteilen für die persönliche Freiheit und sonstiger Rechte zur Vornahme von Handlungen genötigt werden. Da es für einen derartigen ambulanten Behandlungszwang keine Rechtsgrundlagen gibt, begegnen einem derartigen ambulanten Behandlungszwang hinsichtlich seiner Zulässigkeit große Bedenken. Man wird ihn als rechtswidrig und unstatthaft ansehen müssen.

Jeder Rechtszwang — auch der im Bereich der Trinkerfürsorge — bedarf, da er zu schwerwiegenden Eingriffen in den Personalstatus führt, einer besonderen Rechtfertigung. Eine solche Rechtfertigung ist nur dann gegeben, wenn ein überzeugender Rechtsgrund den Zwangsmaßnahmen zu Grunde liegt. Zwangsmaßnahmen, die allein unter dem Gesichtspunkt der Zweckmäßigkeit durchgeführt werden, mangelt es an einem solchen überzeugenden Rechtsgrund, da eine Behandlung unter Zweckgesichtspunkten die betreffenden Personen zum bloßen Mittel handhabt. Eine solche Handhabung der Personen verletzt den Eigenwert und den inneren Achtungsanspruch des Menschen. Sie steht im Widerspruch zu Art. 1 Abs. 2 GG, der die Würde des Menschen für unantastbar erklärt. Als ein die in Frage stehenden Zwangsmaßnahmen rechtfertigender Rechtsgrund kommt vielmehr nur der Habitus der betroffenen Personen in Betracht, wenn dieser derart ist, daß die entsprechende Person infolge sozialer Hilflosigkeit nicht in der Lage ist, ihr Leben in freier, sittlicher Selbstverantwortung zu führen und zu gestalten. Allein in diesen engen Grenzen, die mit rechtsstaatlichen Erfordernissen genügender Sicherheit zu umschreiben sind, können Zwangsmaßnahmen, da sie als Heilmaßnahmen fürsorgerischer Natur sind, als zulässig gedacht werden.

Bei Anwendung dieser Grundsätze auf die verschiedenen Unterbringungsmöglichkeiten im Bereich der Trinkerfürsorge muß man zu dem Ergebnis kommen, daß die Zwangsunterbringung von Trinkern auf Grund der Ländergesetze ohne überzeugenden Rechtsgrund geschieht, da dort die Trinker unstatthafterweise, nur um die Gesellschaft zu schützen, zwangsbehandelt werden. Derartige Unterbringungen dürften wegen ihrer Unvereinbarkeit mit Art. 1 Abs. 1 GG als unzulässig anzusehen sein. Aus den gleichen Gründen sind Unterbringungen auf Grund § 42 c StGB als unstatthaft zu betrachten. Die außerordentlich weite, auch die Fälle des § 42 c StGB miterfassende Fassung des § 73 Abs. 2 BSHG sowie verfassungsrechtliche und dogmatische Erwägungen, vor allem aber die Tatsache, daß in der Praxis die Behandlung und Kostentragung bereits Sache der Trinkerfürsorge und nicht der Justizbehörden ist, geben berechtigte Veranlassung, an der weiteren Existenzberechtigung der Unterbringungen auf Grund § 42 c StGB zu zweifeln.

Die Zwangsunterbringungen von Trinkern durch den Vormund sowie auf Grund des § 73 Abs. 2 BSHG rufen dagegen hinsichtlich des Rechtsgrundes und ihrer weiteren Existenzberechtigung keine Zweifel hervor, da bei ihnen der Rechtsgrund in billigenswerter Weise in der Verfassung der Trinker liegt. Rechtliche Bedenken bestehen jedoch bei der Unterbringungsmöglichkeiten nach § 73 Abs. 2 BSHG insofern, als die Tatbestandsvoraussetzungen nicht hinreichend genug bestimmt sind und Bestimmungen über die Zulässigkeit ärztlicher Zwangsheilbehandlung während der zwangsweisen Unterbringung ebenso wie bei den einzelnen Ländergesetzen zur Unterbringung psychisch Kranker und Süchtiger fehlen. Aus dem Grundsatz der gesetzlichen Bestimmtheit des Tatbestandes sowie aus Art. 2 Abs. 2 Satz GG in Verbindung mit Art. 19 Abs. 1 Satz 2 GG ergibt sich jedoch zwingend die Notwendigkeit verfassungskonformer Regelungen.

B.

Unsere Betrachtung über die Trinkerfürsorge hat gezeigt, daß sie eine sich im stillen vollziehende Sozialtätigkeit an diejenigen Mitmenschen ist, die durch Trunksucht sich selbst und ihrem engeren Lebenskreis wie Familie und Beruf Schäden zugefügt haben, die allzu häufig Auftreten größter wirtschaftlicher Schwierigkeiten, sozialen Abstieg, Abgleiten in Verwahrlosung und nicht zuletzt Kriminalität begünstigen. Wenn in der Öffentlichkeit die Tätigkeit der staatlichen Trinkerfürsorge auch hinreichend bekannt und anerkannt ist, so ist das hinsichtlich der privaten Trinkerfürsorge leider nicht immer der Fall, deren Tätigkeit man jedoch auch als positiven Sozialarbeitsbeitrag anerkennen muß[1]. Staatliche und private Trinkerfürsorge sind beide berufen, Kontakt mit und durch erwiesene Hilfsbereitschaft auch Vertrauen bei den Trinkern zu gewinnen, um ihr erschüttertes Selbstvertrauen wieder aufzurichten und sie für eine tätige zuversichtliche Mitwirkung an der Überwindung der Trunksucht und ihrer Folgeerscheinungen zu gewinnen[2].

---

[1] In diesem Sinne insbesondere Wurzbacher S. 37 f.

[2] Vgl. Sorg S. 18 f.

Vermag die Trinkerfürsorge in dieser Richtung erfolgreich zu arbeiten — und sie tut es —, so leistet sie mittelbar auch einen großen Beitrag für die Bekämpfung der Alkoholkriminalität. Wenn richtig ist, daß unter Prophylaxe des Verbrechens nicht nur die Bekämpfung des Verbrechens als Symptom, sondern auch die Behebung seiner Ursachen zu verstehen ist[3], dann weist die Trinkerfürsorge gerade im Bereich der Alkoholkriminalitätsbekämpfung Erfolge auf, weil es durch ihre Behandlungsmethoden möglich ist, die krankhaften Ursachen der Trunksucht zu beheben, die zu kriminellen Handlungen führen können, ohne daß dabei der Patient — wie im Falle ambulanter Behandlung — immer verwahrt werden muß. Da es für eine Kriminalpolitik, die dem Alkoholismus von Rechtsbrechern gewidmet ist, und für den Kriminologen, der die richtige Anwendung der rechtlichen Maßnahmen vorzubereiten hat[4], äußerst wichtig ist zu wissen, welche neuen Anstaltsformen und Richtlinien die Trinkerfürsorge auf Grund ihrer ärztlichen und sozialen Sachkunde aufzeigt, ist eine enge Verbindung mit den Erfahrungen, Methoden, Stellen und Mitarbeitern der Trinkerfürsorge unerläßlich. Die Kontakte zwischen Strafrechtspflege und Trinkerfürsorge müssen daher überall ständig auf die erforderliche Dichte und Flexibilität überprüft werden, um ein höchstes Maß von Koordination und damit präventiver Wirkung zu erreichen[5]. Das gilt auch angesichts der bekannten Tatsache, daß die vorbeugende Arbeit der Sozialfürsorge selbst gegenüber der wirksamsten Ausgestaltung des strafrechtlichen Sanktionensystems das bessere und erfolgreichere Mittel für eine Verbrechensbekämpfung ist[6].

[3] Vgl. Meng S. 265.
[4] Vgl. Mayer II S. 20.
[5] Vgl. Sieverts S. 17.
[6] Vgl. Waaben S. 16.

Literaturverzeichnis

Arbeiterwohlfahrt-Stellungnahme: Stellungnahme der Arbeiterwohlfahrt zu den Bestimmungen über die freie Wohlfahrtspflege im Entwurf eines Bundessozialhilfegesetzes, in NDV 1960, 376 ff.

Bangert, Johann: Die Subsidiarität der öffentlichen Fürsorge und die Zusammenarbeit ihrer Träger mit den Verbänden der freien Wohlfahrtspflege, in NDV 1960, 386 f.

Barella, Max: Behandlungszwang bei untergebrachten Personen? in NJW 1959, 2291 ff.

Baumeister, Walter: Handbuch der Trinkerfürsorge, Freiburg 1928, Reichsverband für katholische Trinkerfürsorge.

— Zusammenarbeit der offenen Suchtkrankenfürsorge mit den Gesundheitsämtern, Hamburg 1962.

— Taschenbuch der Suchtkrankenfürsorge, Hamm/Westf. 1956.

Becker, W.: Die Rechtslage bei Anstaltsunterbringungen, in NJW 1952, 50 ff.

Beese, Friedrich, W.: Entziehungskuren bei Alkoholikern, in ÖffGesundD 1961, 276 ff.

Benjamin, Dora und *Fränkel*, Fritz: Erfahrungen und Ergebnisse einer offenen Trinkerfürsorge, Die Alkoholfrage in Wohlfahrtspflege und Sozialpolitik, Beiträge aus Forschung und Praxis, Heft 5, Berlin 1932.

— Alkoholismus und Kriminalität, in MonKrimPsych 1930, 705 ff.

Beyer: Soziale Struktur und Behandlungserfolge von Trunksüchtigen in der Trinkerheilanstalt Freimersdorf, in SuchtG 1962, Heft 1, S. 20 ff.

Bleuler, Eugen: Lehrbuch der Psychiatrie, 9. Auflage, Berlin—Göttingen—Heidelberg 1955.

Bochnik, Hans J.: Zur seelischen Behandlung des Alkoholgefährdeten, in SuchtG 1955, Heft 3, S. 15 ff.

Bochnik, Hans J., *Burchard*, Johann und *Dieck*, Claus: Alkoholmißbrauch bei Frauen, in NA 1959, 433 ff.

Bonner Kommentar: Kommentar zum Bonner Grundgesetz, herausgegeben von Bodo Dennewitz und anderen, Hamburg 1950.

Böning, Wolfgang: Zwangsweise Unterbringung volljähriger Mündel, in NJW 1960, 1374 ff.

— Die Unterbringung von psychisch Kranken und Süchtigen in Schleswig-Holstein, in SchlHA 1958, 253 ff., 280 ff., 299 ff., 326 ff.

— Die Unterbringung psychisch Kranker und Süchtiger, Erfahrungen und Probleme zum Unterbringungsrecht in Schleswig-Holstein seit 1958, in SchlHA 1960, 130 ff., 159 ff.

Breithaupt, Wolfgang: Öffentliches Armenrecht und persönliche Freiheit, Tübingen 1915.

Bürger-Prinz: Neuere Erkenntnisse in der Auswirkung des Alkoholismus, im Bericht der wissenschaftlichen Konferenz zur Erforschung der Suchtgefahren, 24. Juli 1952 in Hamburg, Hamburg 1953, S. 10 ff.

Collmer: Die freie Wohlfahrtspflege im Sozialhilfegesetz, in NDV 1960, 372 ff.

Corrinth, Hans: Über Ursachen, Schäden und Geschichte des Alkoholismus und die Möglichkeiten seiner vorsorglichen Bekämpfung, med. Diss. vom 16. 10. 1939 der Universität Marburg, Bleicherode a/Harz.

Dahlinger, Erich: Die Rechtsstellung des Einzelnen nach dem Bundessozialhilfegesetz, in NJW 1962, 1129 ff.

Derwort, Albert: Die strafrechtliche Verantwortlichkeit des Rauschtäters, in Kriminalbiologische Gegenwartsfragen, Heft 6, Stuttgart 1964, S. 70 ff.

Dresel, E. G.: Die Ursachen der Trunksucht und ihre Bekämpfung durch die Trinkerfürsorge in Heidelberg, Abhandlungen aus dem Gesamtgebiete der Kriminalpsychologie, Heft 5, Berlin 1921.

Duntze, Johannes: Das Bundessozialhilfegesetz im System der sozialen Leistungen, in BlWPfl 1961, 226 ff.

Eckelberg, Willy: Grundriß der öffentlichen Fürsorge, Berlin-Spandau 1959.

Eiserhardt, Hilde: Ziele eines Bewahrungsgesetzes, Veröffentlichungen des Deutschen Vereins für öffentliche und private Fürsorge, Heft 15, Frankfurt a/M. 1929.

Eisenhauer, Kurt: Hilfe zur Arbeit nach dem BSHG, in ZfF 1961, 354 ff.

Enneccerus-Nipperdey: Allgemeiner Teil des Bürgerlichen Rechts, ein Lehrbuch von Ludwig Enneccerus, 15. neubearbeitete Auflage von Hans Carl Nipperdey, 1. Halbband, Tübingen 1959.

Exner, Franz: Kriminologie, 3. Auflage, (der Kriminalbiologie) Berlin—Göttingen 1949.

Forsthoff, Ernst: Lehrbuch des Verwaltungsrechts, 1. Band: Allgemeiner Teil, 8. neubearbeitete Auflage, München und Berlin 1961.

Franke, Wolfgang: Die Maßgeblichkeit des Willens gesetzlicher Vertreter bei Anstaltsunterbringungen, in NJW 1962, 1755 ff.

— Grundlagen der Anstaltsunterbringung psychisch Kranker in verfassungs-, privat- und verwaltungsrechtlicher Sicht, in NJW 1960, 1369 ff.

Gabriel, Ernst: Über die Therapie der Suchten, in SuchtG 1961, Heft 4, S. 1 ff.

Geigel, Robert und Reinhart: Der Haftpflichtprozeß mit Einschluß des materiellen Haftpflichtrechts, 10. Auflage München und Berlin 1961.

Gerfeldt, Ewald: Grundriß der Sozialhygiene, Berlin 1951.

Graf, Otto: Möglichkeiten und Grenzen der Heilbehandlung von Alkoholikern, Die Alkoholfrage in Wohlfahrtspflege und Sozialpolitik, Beiträge aus Wissenschaft und Praxis, Heft 3, Berlin 1929.

— Alkoholismus als Krankheit, ein Gutachten zur Frage, ob und inwieweit Trunksucht und chronischer Alkoholismus als Krankheit im Sinne der RVO anzusehen sind, in SuchtG 1955, Heft 2, S. 1 ff.

Gottschick, Hermann: Das Bundessozialhilfegesetz, Kommentar, 2. Auflage, Köln—Berlin—Bonn—München 1963.

— Ziele und Grundbestimmungen des Bundessozialhilfegesetzes, in BlWPfl 1961, 228 f.

Habernoll: Das Problem des Alkoholismus, Berichte des Unterausschusses für Alkoholismus im Fachausschuß für geistige Gesundheit und des Fachausschusses für Alkohol der Weltgesundheitsorganisation, herausgegeben von A. Habernoll, Schriftenreihe aus dem Gebiet des öffentlichen Gesundheitswesens, Heft 3, Stuttgart 1956.

Hamann: Das Grundgesetz für die Bundesrepublik Deutschland vom 23. 5. 1949, ein Kommentar für Wissenschaft und Praxis von Andreas Hamann, Berlin—Neuwied—Darmstadt 1956.

Hartenfels: Die ambulante Behandlung der Trunksucht, in Bericht über die wissenschaftlich-praktische Konferenz zur Erforschung der Suchtgefahren vom 4. bis 6. Mai 1962, Hamburg 1962, S. 5 ff.

Hellmer, Joachim: Verurteilung als gefährlicher Gewohnheitsverbrecher, in NJW 1962, 2040 ff.

Hieronymus, Hanns, E.: Hilfe in besonderen Lebenslagen, zum neuen BSHG, in BlWPfl 1961, 235 f.

von der Heydt, Hans: Frauenalkoholismus — eine soziale Gefahr? Hinweise auf mögliche Gründe, in SozArb 1962, 68 ff.

Hirschmann, Johannes: Zur Kriminologie der akuten Alkoholpsychosen, in Kriminalbiologische Gegenwartsfragen, Heft 6, Stuttgart 1964, S. 55 ff.

van der Horst, L.: Die Behandlung des Alkoholtäters in Kriminalpolitischer Sicht, in Kriminalbiologische Gegenwartsfragen, Heft 6, Stuttgart 1964, S. 83 ff.

Hunziker: Die Heilstätte im Rahmen der Heilbehandlung Alkoholkranker, Hamburg 1955.

Ipsen, Hans Peter: Gesetzliche Indienstnahme Privater für Verwaltungsaufgaben, in „Festschrift für Erich Kaufmann", Stuttgart 1950, S. 141 ff.

Jacques, Ernst: Die Bekämpfung des Alkoholismus als Aufgabe der öffentlichen Wohlfahrtspflege, Berlin 1931.

Jarosch, Klaus und *Müller,* Otto: Blutalkohol und Strafrecht, Wien 1958.

Jehle, Otto: Sozialhilferecht, Textausgabe mit Vorbemerkungen, Verweisungen, Literaturangaben und Sachregister, München 1962.

Jüngling: Der Alkoholismus auf dem Lande, in Bericht über die wissenschaftlich-praktische Konferenz zur Erforschung der Suchtgefahren vom 4. bis 6. Mai 1962, Hamburg 1962, S. 8 ff.

Jörissen, Luise: Hilfe für Gefährdete, in BWD 1961, 121 ff.

Keese: Sozialhilferecht, herausgegeben von Heinz Keese unter Mitwirkung von Karl Heinz Kursawe und Hans-Georg Burucker, Hannover 1961.

— Die öffentliche Fürsorge, ein Leitfaden für Unterricht und Praxis, 4. Auflage, Stuttgart und Köln 1954.

Keidel: Freiwillige Gerichtsbarkeit, Handausgabe des Gesetzes über die Angelegenheiten der freiwilligen Gerichtsbarkeit mit Erläuterungen, Ausführungs- und Ergänzungsvorschriften, begründet von Fritz Keidel, fortgeführt von Theodor Keidel, 8. neubearbeitete Auflage, München und Berlin 1963.

Kersting, Friedrich: Zum Gesetz über das gerichtliche Verfahren bei Freiheitsentziehungen, in JZ 1956, 716 ff.

Klatt, Georg: Psychologie des Alkoholismus, ein Versuch, 1932, Deutsche Psychologie, Arbeitenreihe zur Kulturpsychologie und Psychologie der Praxis, Band VIII, Heft 4, Halle a. d. S.

Klein, Franz: Das Organisationsprinzip der Sozialhilfe nach dem Entwurf eines Sozialhilfegesetzes, in NDV 1960, 378 ff.

— Das Recht des sozial-caritativen Arbeitsbereichs, Freiburg im Breisgau 1959.

Knopp, A. und *Biederbick*, K. H.: Das Bundessozialhilfegesetz vom 30. 6. 1961, Erläuterungsbuch für die Praxis, Berlin-Lichterfelde und Frankfurt 1961.

Kobelt, Reinhold: Zwangsweise Anstaltsunterbringung von Trunksüchtigen, in MDR 1952, 394.

Kobus, W.: Die Träger der Sozialhilfe im Entwurf eines Bundessozialhilfegesetzes, in NDV 1960, 370 ff.

Krankeleit: Alkohol und Verbrechen, Hamburg 1926.

Krasney, Ernst: Das Bundessozialhilfegesetz und die Suchtkrankenfürsorge, eine erste Einführung, in SuchtG 1961, Heft 4, S. 17 ff.

— Alkoholismus — Krankheit im Sinne der RVO? Sonderdruck aus der Zeitschrift „Suchtgefahren", 1962, Heft 3, Hamburg 1962.

Krasney, Otto Ernst: Die richterliche Entscheidung nach Art. 104 Abs. 2 Satz 1 und 2 GG als Voraussetzung einer Unterbringung eines volljährigen Entmündigten in eine geschlossene Anstalt, in „Der Helfer", Werkblatt der katholischen Suchtkrankenfürsorge, Beilage zur Zeitschrift Caritas 1960, Nr. 1, S. 1 ff.

Kursawe, Heinz: Die Hilfe für Gefährdete — eine besondere Maßnahme der Sozialhilfe, in ZfF 1961, 292 ff.

Langelüddeke, Albrecht: Gerichtliche Psychiatrie, Berlin 1950.

Luber, F.: Bundessozialhilfegesetz, Kommentar, Stand 1. 8. 1962, München 1962.

Mangoldt: Das Bonner Grundgesetz, erläutert von Hermann v. Mangoldt, Band I, Berlin und Frankfurt 1953.

Maunz, Theodor: Deutsches Staatsrecht, ein Studienbuch, 11. Auflage, München und Berlin 1962.

Maunz-Dürig: Grundgesetz — Kommentar von Theodor Maunz und Günter Dürig, München und Berlin 1963.

Mayer, Hellmuth: Strafrecht, Allgemeiner Teil, Stuttgart und Köln 1953.

— Strafrechtsreform für heute und morgen, Kriminologische Forschungen, Band I, herausgegeben von Hellmuth Mayer, Berlin 1962.

Meng: Die Prophylaxe des Verbrechens, herausgegeben von Heinrich Meng, Basel 1948.

Mergler: Bundessozialhilfegesetz mit systematischen Erläuterungen nebst den einschlägigen Nebenbestimmungen, bearbeitet von O. Mergler, Köln 1963.

Mezger, Edmund: Kriminalpolitik auf kriminologischer Grundlage, Stuttgart 1934.

— Kriminologie, ein Studienbuch, München und Berlin 1951.

Müller, M.: Warum Trinkerheilstätten? Sonderdruck aus dem Handbuch der Alkoholfrage und Trinkerfürsorge, II. Teil, 5. Lieferung, Berlin 1939.

Müller-Tochtermann, Helmut: Die wichtigsten dogmatischen Grundsätze des Bundessozialhilfegesetzes, in JuS 1962, 449 ff.

Muthesius, Hans: Fürsorgerecht, Berlin 1928.

Muthesius, Hans und *Giese*, Dieter: Die wichtigsten dogmatischen Grundsätze des Bundessozialhilfegesetzes, in JuS 1962, 455 ff.

Nipperdey, Hans Carl: „Die Würde des Menschen", Neumann-Nipperdey-Scheuner: Die Grundrechte, Handbuch der Theorie und Praxis der Grundrechte, Band II, Berlin 1954, S. 1 ff.

Oestreicher, Kurt: Bundessozialhilfegesetz mit Recht der Kriegsopferfürsorge, Kommentar, Stand: 15. August 1963, München und Berlin 1963.

Ostmann: Über die sogenannte normale Kriminalität der Alkoholkranken, in MonKrimPsych 1928, 351 ff.

Otto, Ernst: Öffentliche Fürsorge, Jugend- und Gesundheitsfürsorge, „Der Verwaltungsbeamte", Heft 9, 2. Auflage, Göttingen 1957.

Palandt: Bürgerliches Gesetzbuch mit Gleichberechtigungsgesetz, Einführungsgesetz, Verschollenheitsgesetz, Abzahlungsgesetz, Wohnungseigentumsgesetz, Schiffsrechtsgesetz, Ehegesetz, Stationierungsschäden-Regelung und anderen Vorschriften, bearbeitet von Bernhard Danckelmann, Hans Gramm, Ulrich Hoche, Wolfgang Lauterbach, Ludwig Rechenmacher, 22. Auflage, München und Berlin 1963.

Paritätischer Wohlfahrtsverband e. V.: Stellungnahme des Deutschen Paritätischen Wohlfahrtsverbandes e. V. zu den das Verhältnis zwischen öffentlicher und freier Wohlfahrtspflege betreffenden Vorschriften des Sozialhilfegesetz-Entwurfs, in NDV 1960, 383 ff.

Peters, Hans: Lehrbuch der Verwaltung, Berlin—Göttingen—Heidelberg 1949.

Peters, Karl: Grundprobleme der Kriminalpädagogik, Berlin 1960.

Petersen, Käthe: Hilfe für Gefährdete und Nichtseßhafte, zum neuen BSHG, in BlWPfl 1961, 259 ff.

— Stellungnahme zu dem Entwurf eines Bundessozialhilfegesetzes aus der Sicht der Gefährdetenhilfe, in NDV 1960, 362 ff.

Pietsch, Ursula: Die Stellung der freien Wohlfahrtspflege im Bundessozialhilfegesetz, in BlWPfl 1961, 267 ff.

— Private Fürsorge, in „Das öffentliche Gesundheitswesen", Band IV: Gesundheitsfürsorge, Teil A „Grundlagen", herausgegeben von Wilhelm Hagen und Erich Schröder, Stuttgart 1962, S. 476 ff.

Pohlisch, Kurt: Soziale und persönliche Bedingungen des chronischen Alkoholismus, Band III der Sammlung psychiatrischer und neurologischer Einzeldarstellungen, Leipzig 1933.

Sozialhilfe, praktische: Praktische Sozialhilfe-Arbeit, ergänzbare Sammlung von erläuternden Vorschriften zur Sozialhilfe, bearbeitet von Hans Jirasek und Paul Seipp, Band II, „Suchtkrankenfürsorge".

Reichhard: Gesetz über das gerichtliche Verfahren bei Freiheitsentziehungen mit den bundesrechtlichen Vorschriften zum materiellen Unterbringungsrecht, erläutert von Hans Reichard, Köln—Berlin 1956.

Reichsgerichtsräte-Kommentar: Das Bürgerliche Gesetzbuch mit besonderer Berücksichtigung der Rechtsprechung des Reichsgerichts und des Bundesgerichtshofs, Kommentar, herausgegeben von Reichsgerichtsräten und Bundesrichtern, 11. Auflage, Band I 1. Teil, Berlin 1959.

Riegraf, Margrit: Behandlung des Alkoholismus bei der Frau in der offenen Heilstätte, in MArbR Nr. 21/22, 1961, S. 20 ff.

Röhl, Hellmut: Fragen des Rechtsschutzes im Entmündigungsverfahren, in NJW 1960, 1378 ff.

Rudolph, Karl-Gunter: Die sozialen Erfolgsaussichten von Entziehungskuren bei Trinkern, med. Diss., med. Akademie, Düsseldorf 1953.

Saage, Erwin: Freiheitsentziehungsverfahren, Gesetz über das gerichtliche Verfahren bei Freiheitsentziehungen mit den Ländervorschriften über die Anstaltsunterbringungen von Geisteskranken und Suchtkranken, München und Berlin 1958.

— Das Gesetz über das gerichtliche Verfahren bei Freiheitsentziehungen, in BAnz 1956 Nr. 135, S. 4 ff.

— Der Anwendungsbereich des Bundesgesetzes über das gerichtliche Verfahren bei Freiheitsentziehungen, in JR 1956, 282 ff.

Sauer, Wilhelm: Kriminologie als reine und angewandte Wissenschaft, Berlin 1950.

Sax, Walter: „Grundsätze der Strafrechtspflege", in Bettermann-Nipperdey-Scheuner: Die Grundrechte, Handbuch der Grundrechte, Band III, 2. Halbband, Berlin 1959, S. 909 ff.

Scheuner, Ellen: Die Gefährdetenfürsorge, Berlin 1930.

Schellhorn, Walter: Anstaltsfürsorge, Berlin-Spandau 1959.

Schellhorn-Jirasek-Seipp: Das Bundessozialhilfegesetz, Textausgabe mit Kurzerläuterungen, von Walter Schellhorn, Hans Jirasek und Paul Seipp, Berlin-Spandau 1961.

Scherpener, Hans: Theorie der Fürsorge, Göttingen 1962.

Schnapp, Detmar: Zusammenarbeit von Gefährdetenhilfe und Justiz, in Beilage zum Februarheft 1962 des NDV, S. 8 ff.

Schröder, Erich: Alkoholismus und Alkoholkrankenfürsorge, in „Das öffentliche Gesundheitswesen", Band IV: Gesundheitsfürsorge, Teil A: Grundlagen, herausgegeben von Wilhelm Hagen und Erich Schröder, Stuttgart 1962, S. 420 ff.

Seelig, Ernst: Lehrbuch der Kriminologie, 2. Auflage, Nürnberg und Düsseldorf 1951.

Sieverts, Rudolf: Alkohol und Strafrecht, in SuchtG 1961, Heft 1, S. 1 ff.

Solms, Hugo: Die Behandlung der akuten Alkoholvergiftung und der akuten und der chronischen Formen des Alkoholismus, in Psychiatrie der Gegenwart, Forschung und Praxis, herausgegeben von H. W. Gruhle, R. Jung, W. Mayer-Gross, M. Müller, Band II: Klinische Psychiatrie, Berlin-Göttingen-Heidelberg 1960, S. 294 ff.

Sorg, Fritz: Wie kann die Sozialhilfe für Suchtkranke nach neuem Recht gefördert werden? Schriftenreihe zur Bekämpfung des Alkoholismus, Heft 5, Kassel.

Starke, Georg: Alkohol und Kriminalität, Wissenschaftliche Veröffentlichungen zur Alkoholfrage, Heft 10, Berlin-Dahlem 1934.

Staudinger: J. v. Staudingers Kommentar zum Bürgerlichen Gesetzbuch mit Einführungsgesetz und Nebengesetzen, Band I, Allgemeiner Teil, 11. Auflage, Berlin 1957.

Stree, Walter: Deliktsfolgen und Grundgesetz Tübingen 1960.

Thiken: Handbuch der Alkoholgefährdetenfürsorge und der Bekämpfung des Alkoholismus, bearbeitet und herausgegeben von Johannes Thiken, Lieferung 1 und 2, Berlin 1928.

— Denkschrift über die Zunahme des Alkoholismus und den Ausbau der Spezialfürsorge für Alkoholkranke und -gefährdete, Bearbeitung von Johannes Thiken, Berlin 1928.

Triepel, Heinrich: Delegation und Mandat im öffentlichen Recht, eine kritische Studie, Stuttgart und Berlin 1942.

Tuercke, Gerda: Die persönliche Hilfe nach dem Bundessozialhilfegesetz, in SozArb 1962, 57 ff.

v. Turegg-Kraus: Lehrbuch des Verwaltungsrechts von Kurt Egon v. Turegg, 4. neubearbeitete Auflage von Erwin Kraus, Berlin 1962.

Völkel: Psychologische und psychotherapeutische Aspekte der Sucht, Hamburg.

Waaben, Knud: Die kriminologische Bedeutung der Trunkenheit bei bestimmten Delikten und die Wirksamkeit der Trinkerheilanstalt, in „Arbeiten zur Rechtsvergleichung", herausgegeben von Hans Dölle, Heft 8: Die Behandlung der Trunkenheit im Strafrecht, Frankfurt a. M. und Berlin 1960.

Weller, Arnold: Öffentliche Fürsorge — Sozialhilfe, in „Das öffentliche Gesundheitswesen", Band IV: Gesundheitsfürsorge, Teil A: Grundlagen, herausgegeben von Wilhelm Hagen und Erich Schröder, Stuttgart 1962, S. 476 ff.

Wieser, Stefan: Die Persönlichkeit des Alkoholtäters, in Kriminalbiologische Gegenwartsfragen, Heft 6, Stuttgart 1964, S. 41 ff.

Wlassak, Rudolf: Grundriß der Alkoholfrage, 2. Auflage, Leipzig 1929.

Wolff, Hans J.: Verwaltungsrecht I, ein Studienbuch, 15. Auflage, München und Berlin 1963.

Wurzbacher, G.: Die Alkoholfrage in soziologischer Sicht, in Kriminalbiologische Gegenwartsfragen, Heft 6, Stuttgart 1964, S. 21 ff.

Wyss, Rudolf: Klinik des Alkoholismus, in Psychiatrie der Gegenwart, Forschung und Praxis, herausgegeben von H. W. Gruhle, R. Jung, W. Mayer-Gross, M. Müller, Band II: Klinische Psychiatrie, Berlin-Göttingen-Heidelberg 1960, S. 265 ff.

Zeise, Maximilian: Die Hilfe in besonderen Lebenslagen nach dem BSHG, in SozArb 1962, 49 ff.

Zoller: Gesundheitsfürsorge und Bundessozialhilfegesetz, in BlWPfl 1961, Seite 241.

Es wurden ferner für die Arbeit herangezogen:

Schrift- und Zahlenmaterial der Deutschen Hauptstelle gegen die Suchtgefahren, Hamm (Westf.),

Schrift- und Zahlenmaterial der Central-Bibliothek der Inneren Mission der Evangelischen Kirche Deutschlands, Berlin-Dahlem,

Schrift- und Zahlenmaterial des Archivs für Wohlfahrtspflege, Berlin-Dahlem.

Kolibri 360 GmbH
Ferdinand-Jühlke-Straße 7
99095 Erfurt, Deutschland
produktsicherheit@kolibri360.de

Druck:
CPI Druckdienstleistungen GmbH
im Auftrag der
Kolibri 360 GmbH
Ferdinand-Jühlke-Str. 7
99095 Erfurt